기초 러시아어

Элементарный уровень русского языка

이수진 · 이희숙 공저

신아사

이수진

대구가톨릭대학교 노어노문학과 졸업
모스크바 국립대학교 석사 및 박사(정치학)
현재 대구대학교 외래교수

주요 연구논문

新 국제질서 형성과정 속에 나타난 한국통일의 역사적 당위성
한국통일: 소연방/러시아연방공화국이 참여한 남북회담의 발전과 전망
강대국의 냉전결과가 된 한국전쟁

이희숙

한국외국어대학 및 대학원 러시아어과 졸업
미국 하와이대학 언어학 박사
현재 대구가톨릭대학교 교수

주요 연구논문

러 한 관용어에 나타난 여성의 양상
러시아 여성 속담의 은유적 표현
러시아어 합성어에 대한 일고

역서

러시아몸짓언어사전, 러시아어 문법, 러시아어 어순
러시아어 어휘관용의미론

기초 러시아어

1판 1쇄 발행 _ 2015년 12월 15일
1판 3쇄 발행 _ 2020년 1월 30일

저　　자 • 이수진 · 이희숙
발 행 인 • 정 현 걸
발　　행 • 신 아 사
인　　쇄 • 대명프린팅
출판등록 • 1956년 1월 5일 (제9-52호)
주　　소 • 서울특별시 은평구 통일로 59길 4 (2층)
전　　화 • 02)382-6411 · 팩스 02)382-6401
홈페이지 • www.shinasa.co.kr
E-MAIL • shinasa@daum.net

ISBN 978-89-8396-921-7 (93790)

정가 *13,000*원

책을 쓰면서

이 책은 러시아어를 처음 배우는 사람들이 러시아어의 종합적 기본 지식을 단기간 내에 습득할 수 있도록 쉽게 쓴 입문서이다. 어떻게 하면 최소한의 설명으로 최대의 효과를 거둘까 고심한 끝에 이 책을 만들었다. 이 책은 먼저 철자와 발음을 익힌 다음 이를 바탕으로 기초적 문법과 기본 문형을 학습하며 현대 러시아 문화와 생활 방식을 이해할 수 있도록 엮었다.

본 입문서는 모두 3부로 구성되어 있다. 1부 '러시아어, 어떻게 쓰니?'에서는 자음과 모음을 중심으로 인쇄체와 필기체를 어떻게 쓰는지, 이들은 어떤 음가를 갖고 있는지 살펴보았고, 2부 '러시아어, 어떻게 읽니?'에서는 러시아어 발음 특징과 음운현상들에 대해 살펴보았다. 한국어와 러시아어는 아주 다른 언어이므로 초보자의 입장에서 이해하기 쉽도록 한국어와 비교하면서 설명하였다. 3부 '러시아어, 어떻게 말하니?'에서는 새로운 단어와 문장 연습을 통해서 기초 문법을 익힐 수 있도록 구성했다. 처음 러시아어를 접하는 초보자들도 두려움 없이 러시아어 사전을 사용하지 않고도 학습할 수 있도록 모든 단어와 문장은 의미와 해석을 첨부하여 혼자서도 충분히 학습할 수 있도록 배려했다.

또한 새로운 언어학습이 단순히 문법 현상을 이해하는 것으로 그쳐 원활한 의사소통에 장애가 되지 않도록 각 과마다 변화하고 있는 러시아 현대 생활 문화에 대한 지면을 첨가시켜 러시아어와 러시아인을 이해할 수 있도록 했다. 현재 러시아는 급속도로 변화하고 있는데 러시아에 대한 정보는 오래된 것들이 많다. 그러므로 이 책의 문화 부분은 새로운 러시아를 이해하는데 도움이 될 것이다. 또한 이 책은 러시아를 비롯한 러시아어권역 국가를 관광, 배낭여행, 사업 등의 목적으로 방문하거나, 유학생, 주재원 및 교민으로서 현지에서 생활할 때 필요한 기본적인 실용표현들을 담고 있다.

이 책이 러시아인과 러시아어에 관심 있으나 어떻게 시작해야 할지 모르는 사람들의 길잡이가 되기를 바라며 본서를 활용하는 과정에서 미흡하다 여겨지는 점을 기탄없이 지적해 준다면 추후 보다 완성된 책으로 보답하겠다. 끝으로 이 책이 나오도록 도와주신 신아사의 정현걸 대표님, 한규갑 상무님, 그리고 내용보다 더 아름답게 꾸며준 편집부 김금란님께 감사드린다.

저자로부터

차례

제1부
알파벳(Алфави́т ру́сского языка́)
러시아어, 어떻게 쓰니?

제2부
발음(Фоне́тика ру́сского языка́)
러시아어, 어떻게 읽니?

제3부
문법(Граммáтика рýсского языкá)
러시아어, 어떻게 말하니?

부록

제1부
알파벳(Алфави́т ру́сского языка́)
러시아어, 어떻게 쓰니?

구 성

1. 모음철자
2. 자음철자
3. 기호
4. 러시아어 자판 익히기

제1부
알파벳(Алфави́т ру́сского языка́) 러시아어, 어떻게 쓰니?

알파벳: 러시아어, 어떻게 쓰니?

러시아어는 인도·유럽어의 슬라브어족에 속한다. 그리고 슬라브어는 다시 동·서·남 슬라브어권으로 분류된다. 동 슬라브어에는 러시아어, 백러시아어와 우크라이나어가 있고, 서 슬라브어에는 폴란드어, 체코어, 슬로바키아어가 있으며, 남 슬라브어에는 불가리아어, 크로아티아어, 슬로베니아어, 마케도니아어 등이 있다.

동 슬라브어족에 속하는 러시아어는 음성 언어로서 모음철자 10개, 자음철자 21개, 그리고 기호 2개를 사용하고 있는 언어이다. 총 33개의 철자들은 아래 표와 같은 순서로 배열되며 단어들은 이 순서대로 사전에 등재된다. 러시아어 사전에는 발음기호가 제시되지 않는다. 이것이 의미하는 것은 러시아어 발음은 예측이 가능하다는 것이다.

인쇄체		필기체		명 칭	발 음
대문자	소문자	대문자	소문자		
А	а	*А*	*а*	a	[a]
Б	б	*Б*	*б*	be	[b]
В	в	*В*	*в*	ve	[v]
Г	г	*Г*	*г*	ge	[g]
Д	д	*Д*	*д*	de	[d]

Е	е	*Е*	*е*	ye	[je]
Ё	ё	*Ё*	*ё*	yo	[jo]
Ж	ж	*Ж*	*ж*	ghe	[ž]
З	з	*З*	*з*	ze	[z]
И	и	*И*	*и*	i	[i]
Й	й	*Й*	*й*	и кра́ткое	[j]
К	к	*К*	*к*	ka	[k]
Л	л	*Л*	*л*	el	[l]
М	м	*М*	*м*	em	[m]
Н	н	*Н*	*н*	en	[n]
О	о	*О*	*о*	o	[o]
П	п	*П*	*п*	pe	[p]
Р	р	*Р*	*р*	er	[r]
С	с	*С*	*с*	es	[s]
Т	т	*Т*	*т*	te	[t]
У	у	*У*	*у*	u	[u]
Ф	ф	*Ф*	*ф*	ef	[f]
Х	х	*Х*	*х*	kha	[x]
Ц	ц	*Ц*	*ц*	tse	[c]
Ч	ч	*Ч*	*ч*	che	[č]
Ш	ш	*Ш*	*ш*	sha	[š]
Щ	щ	*Щ*	*щ*	shcha	[šš]
ъ		-	*ъ*	твёрдый знак	
ы		-	*ы*	y	[y]
ь		-	*ь*	мя́гкий знак	
Э	э	*Э*	*э*	e	[e]
Ю	ю	*Ю*	*ю*	yu	[ju]
Я	я	*Я*	*я*	ya	[ja]

● 필기체 쓰기연습

А	а
Б	б
В	в
Г	г
Д	д
Е	е
Ё	ё
Ж	ж
З	з
И	и
Й	й
К	к
Л	л
М	м
Н	н
О	о

П	п
Р	р
С	с
Т	т
У	у
Ф	ф
Х	х
Ц	ц
Ч	ч
Ш	ш
Щ	щ
	ъ
	ы
	ь
Э	э
Ю	ю
Я	я

1. 모음철자

러시아어 모음철자에는 'a, я, o, ё, y, ю, ы, и, э, e'의 10개가 있다. 이들은 발성 방법, 즉, 입술 모양, 혀의 위치, 그리고 혀의 높낮이에 따라서 원순모음과 비원순모음, 전설모음과 후설모음, 고모음과 저모음으로 분류된다. 언어마다 다르게 느껴지는 모음 발음의 미세한 차이는 구강 내에서의 혀의 위치와 입술 모양의 정도의 차이에서 온다. 다시 말해서, 발음할 때 입술이 얼마나 둥글게 또는 길게 형성되는지, 혀가 어느 정도로 높게 또는 낮게 위치하는지, 그리고 얼마나 앞쪽으로 또는 뒤쪽으로 당겨지는가에 의해서 결정된다.

유연한 신체를 만들기 위해서 팔, 다리를 스트레칭 하면서 긴장된 근육을 푸는 것처럼, 자신의 모국어에 이미 익숙해져 '모국어 맞춤형'이 되어버린 발성 근육을 앞으로 배울 외국어의 발성법에 맞춰서 반복 훈련하는 것만이 해당 외국어 발음을 잘 할 수 있는 비법인 것이다. 한국어에 비해 러시아어는 보다 단순한 모음 체계를 지니고 있다. 따라서 모음에 관한 한 우리는 이미 구강 근육을 더 섬세하게 사용하고 있으므로 러시아어 모음을 발음하는 것은 그다지 어렵지 않을 것이다.

(1) 단모음

단모음이란 발성 시작부터 끝까지 시종일관 음가가 동일한 모음을 말한다. 예를 들어 단모음인 '아' 음가는 처음부터 숨이 다할 때까지 [아]로 발음되지만, '야' 음가는 시작과 끝의 음가가 다르다. 러시아어에서는 철자 'a, o, y, ы, и, э'의 6개 모음이 단모음에 속한다. 이중 ы를 제외한 모든 철자들이 어두에 나올 수 있다.

а	비원순, 후설, 저모음에 속하며, 우리말 '아'와 비슷하게 발음한다.
о	원순, 후설, 중모음에 속하며, 우리말 '오'와 비슷하게 발음한다.
у	원순, 후설, 고모음에 속하며, 우리말 '우'와 비슷하게 발음한다.
ы	비원순, 후설, 고모음에 속하며, 우리말 '의'와 비슷하게 들리지만, '의'는 이중모음인데, ы는 단모음이라는 큰 차이가 있다. 단어의 첫머리에 올 수 없고 언제나 자음 뒤에 위치하므로 대문자를 갖고 있지 않다.
и	비원순, 전설, 고모음에 속하며, 우리말 '이'와 비슷하게 발음되나, 혀가 더 높이 올라가고, 보다 더 앞쪽에서 발음된다.
э	비원순, 전설, 중모음에 속하며, 우리말 '에'와 비슷하게 발음하지만 입을 더 벌려 입천장을 높게 한다.

(2) 이중모음

철자 'я, ё, ю, е'는 대응되는 단모음 'а, о, у, э'의 앞에 전이음 [j]가 존재한다는 것을 표시하는 이중모음이다. 철자 'я, ё, ю, е'를 발음할 때는 발음 초기에 전이음 [j]의 발음이 짧게 들어가고 그 다음 연속적으로 'а, о, у, э'의 발음을 각각 해주면 된다.

я [й+а]	철자 **я**의 발음은 반자음 [й] 뒤에서 발음되는 [а]의 발음으로 우리말 '야'와 비슷하다.
ё [й+о]	철자 **ё**의 발음은 반자음 [й] 뒤에서 발음되는 [о]의 발음으로 우리말 '요'와 비슷하다.
ю [й+у]	철자 **ю**의 발음은 반자음 [й] 뒤에서 발음되는 [у]의 발음으로 우리말 '유'와 비슷하다.
е [й+э]	철자 **е**의 발음은 반자음 [й] 뒤에서 발음되는 [э]의 발음으로 우리말 '예'와 비슷하다.

(3) 연모음과 경모음

러시아어의 모음에는 경모음과 연모음의 구별이 있다. 모음 'и'와 4개의 이중모음 'я, ё, ю, е'는 연모음으로 분류되며 러시아어 음성학에서 중요한 역할을 하므로 이들의 대응관계를 잘 기억해야 한다. 연모음 'я, ё, ю, е, и'는 앞에 나오는 자음이 연자음이라는 것을 표시해 주는 철자이며, 'а, о, у, э, ы'는 앞에 나오는 자음이 경자음이라는 것을 나타낸다. 그리고 모음은 아니지만 연음성을 표시해 주는 것으로 기호 'ь, ъ'이 있다. 부호 'ъ' 앞에 오는 자음은 경자음이고, 'ь' 앞에 오는 자음은 연자음이다.

경모음	а	о	у	э	ы
연모음	я	ё	ю	е	и

〈모음 도표〉

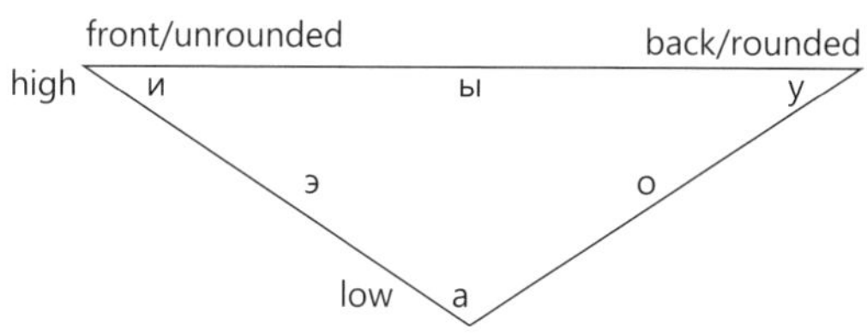

2. 자음철자

러시아어 자음철자는 21개이다. 이들은 성대 진동의 유무에 따라서 유성자음과 무성자음으로 나뉘며, 발성 시 공기의 흐름을 완전 폐쇄하는지, 아니면 아주 좁은 통로를 만들면서 조금만 개방하는지, 또 아니면 전자와 후자를 한꺼번에 재빨리 실행하며 내는 소리인지에 따라 폐쇄음, 마찰음, 파찰음 등으로 분류된다. 그리고 혀의 어느 부분이 어떤 장소와 가깝게 접근 또는 접촉하느냐에 따라서 치음, 구개음, 연구개음, 후두음 등으로 나뉘며 공기가 어디를 통해 방출되는지에 따라서 비음, 구강음, 그리고 설측음 등으로 분류될 수 있다.

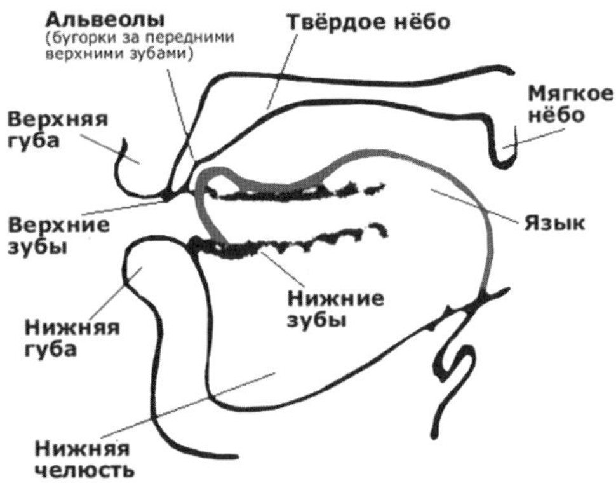

〈조음기관[1]〉

러시아어 자음에는 소음 또는 쉬음(шипя́щие)이라고 불리는 마찰음의 종류가 다양하고 유·무성자음이 쌍을 이루고 있으며 연자음과 경자음의 쌍이 있다는 특징이 있다. 아래에서 자음들의 속성과 발성 방법에 대해서 자세히 살펴보자.

자음	발음	속 성
б	[b]	양순 · 폐쇄음으로 양 입술을 붙였다 떼면서 동시에 성대를 진동시켜 발음하는 유성자음이다. 무성자음 п와 쌍을 이룬다.

1 https://yandex.ru/images/речевой аппарат

в	[v]	치순 · 마찰음으로 윗니를 아랫입술 끝에 밀착시켰다가 떼면서 구강을 통해 공기를 방출하고 성대를 진동시켜 발음하는 유성자음이다. 무성자음 ф와 쌍을 이룬다.
г	[g]	연구개 · 폐쇄음으로 혀의 뿌리, 즉, 혀의 뒷부분을 입천장 뒷부분에 접촉했다가 떼면서 성대를 진동시켜 발음하는 유성자음이다. 무성자음 к와 쌍을 이룬다.
д	[d]	치음 · 폐쇄음으로 혀를 윗니 뒤쪽에 접촉했다가 떼면서 성대를 진동시켜 발음하는 유성자음이다. 무성자음 т와 쌍을 이룬다.
ж	[ž]	치경구개음 · 마찰음으로 혀를 잇몸 · 입천장 쪽으로 접근시켜 좁은 틈을 만든 다음 성대를 진동시키면서 공기를 방출할 때 나는 유성자음이다. 무성자음 ш와 쌍을 이루며 경자음이다.
з	[z]	치음 · 마찰음으로 혀끝을 윗니 안쪽으로 접근시켜 만든 좁은 통로를 통하여 공기를 내보내면서 성대를 진동시킬 때 나는 유성자음이다. 무성자음 с와 쌍을 이룬다.
й	[j]	경구개 · 마찰음으로 발음은 모음 [이]와 유사하지만 좀 더 짧고 약하게 나는 전이음이다. 항상 모음 뒤에 위치하고 문법적으로는 자음으로 분류되며 항상 연자음이다.
к	[k]	연구개 · 폐쇄음으로 혀의 뿌리, 즉, 혀의 뒷부분을 입천장 뒷부분에 접촉하여 구강을 폐쇄했다가 개방하면서 발음하는 무성자음이며 유성자음 г와 쌍을 이룬다.
л	[l]	치음 · 설측음으로 혀끝을 윗니 안쪽에 대고 혀의 양쪽 옆을 열어서 그 틈 사이로 공기를 내보내면서 발음하는 유성자음이다.
м	[m]	양순 · 폐쇄음으로 입술을 가볍게 붙였다 떼며 코로 공기를 내보내면서 발음하는 비음으로 유성자음이다
н	[n]	치음 · 폐쇄음으로 입을 약간 벌리고 입술을 양 옆으로 길게 잡아당기면서 혀를 윗니 안쪽에 붙였다가 떼면서 공기를 코를 통해 내보낼 때 나는 소리로 유성자음이다.
п	[p]	양순 · 폐쇄음으로 양 입술을 붙였다 떼면서 공기가 입을 통해 방출될 때 나는 소리로 무성자음이다. 유성자음 б와 쌍을 이룬다.
р	[r]	잇몸 · 떨음소리로 혀끝을 잇몸 쪽으로 올리고 공기를 내보내면서 혀끝을 진동시킬 때 나는 유성자음이다.

с	[s]	치음 · 마찰음으로 아랫니와 윗니를 약간 벌린 상태에서 혀끝이 윗니 쪽으로 접근하며 좁은 틈 사이로 공기를 내보낼 때 나는 무성자음이다. 유성자음 з와 쌍을 이룬다.
т	[t]	치음 · 폐쇄음으로 혀를 윗니 뒤쪽에 접촉했다가 떼면서 내는 무성자음이다. 유성자음 д와 쌍을 이룬다.
ф	[f]	치순 · 마찰음으로 윗니를 아랫입술 끝에 밀착시켰다가 떼면서 성대를 진동시키지 않고 공기를 구강을 통해 방출할 때 나는 무성자음이다. 유성자음 в와 쌍을 이룬다.
х	[x]	연구개 · 마찰음으로 혀의 뿌리, 즉, 혀의 뒷부분과 입천장의 뒷부분 사이의 좁은 틈으로 공기를 방출하며 내는 무성자음이다.
ц	[c]	치경 · 파찰음으로 혀끝을 잇몸에 붙였다가 순간적으로 떼며 내는 무성자음으로 경자음이다.
ч	[č]	경구개 · 파찰음으로 혀의 등, 즉, 가운데 부분을 입천장 쪽으로 밀어 올리며 접촉했다가 떼면서 내는 무성자음으로 항상 연자음이다.
ш	[š]	치경구개음 · 마찰음으로 혀를 잇몸 · 입천장 쪽으로 접근시켜 좁은 틈을 만들며 공기를 방출할 때 나는 무성자음이다. 유성자음 ж와 쌍을 이루며 경자음이다.
щ	[š:]	치경구개음 · 마찰음으로 혀를 잇몸 · 입천장 가까이 들어 올리며 내는 무성자음으로 항상 연자음이다.

유 · 무성자음 대응도표

유성자음	б, в, г, д, ж, з	유성자음 쌍 없음	л, м, н, р, й
무성자음	п, ф, к, т, ш, с	х, ц, ч, щ	무성자음 쌍 없음

위에 설명한 내용을 이해하기 쉽게 도표로 정리하면 아래와 같다. 무성음은 오른쪽, 유성음은 왼쪽에 배치하였으니 유 · 무성음의 대응 관계에 주의하여 살펴보자.

러시아어 자음 도표

	양순음	치순음	치 음	치경음	치경구개음	경구개음	연구개음
폐쇄음	б п		д т				г к
마찰음		в ф	з с		ж ш щ		х
파찰음				ц		ч	
비 음	м		н				
설측음			л				
설전음				р			
전이음						й	

3. 기호(2개)

기호 2개, 즉, 연음부호와 경음부호는 독립된 소리가 없는 무음가(無音價) 부호들로 형태만 존재한다. 이들은 어두에 나올 수 없다. 그러므로 대문자도 없다.

(1) ь(мя́гкий знак)

'마흐끼 즈낙'이라고 불리는 이 부호는 앞에 놓인 자음이 연자음임을 표시하는 연음부호이다. 독립된 음가는 없지만, 단어 사이에 놓일 경우 앞 자음의 연자음성을 표시하므로 발음이 마치 [й]처럼 들리기도 한다.

(2) ъ(твёрдый знак)

'뜨뵤르드이 즈낙'이라고 불리는 이 부호는 경음부호로서 앞의 음가와 뒤의 음가를 분리해 주는 분리부호이다. 이 부호 역시 단어 첫머리에 놓일 수 없으므로 대문자가 없다. 이 부호는 자신의 뒤에 위치한 연모음 'я, ё, ю, е'의 발음을 분리시켜 줌으로써 자신 앞의 자음이 연자음으로 되는 것을 방지해준다.

4. 러시아어 자판 익히기

외국어를 처음 배울 때 직접 손으로 써보면서 인쇄체와 필기체를 학습하는 것은 가장 기본적인 방법이다. 이와 함께 표준 자판을 익혀 러시아어를 연습하는 것도 실생활에 반드시 필요하다. 아래의 자판은 손가락에 번호를 붙이고 번호에 따라 각기 다른 색을 사용하여 키보드를 쉽게 기억할 수 있도록 했다. 이러한 방식으로 러시아어 표준 자판을 사용하여 필요한 문서 작성, 이메일 쓰기, 웹페이지 검색, 러시아 친구와의 채팅 등 실생활에 직접 활용해 보도록 하자.

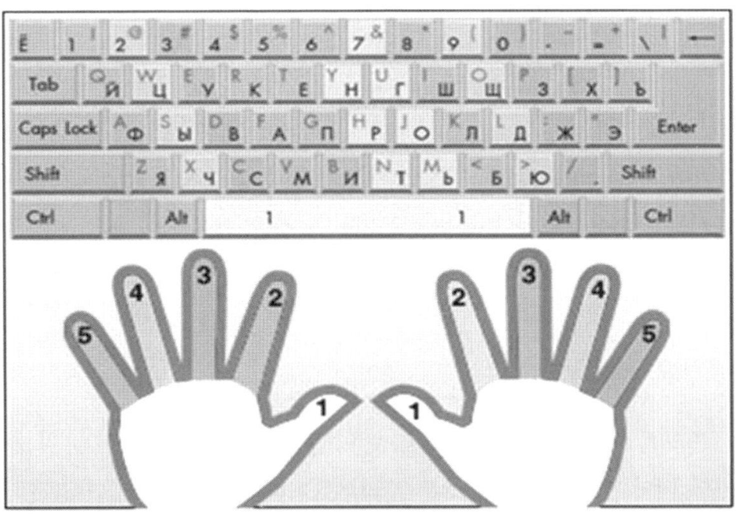

Упражнения 1 다음 단어들을 ь에 주의하면서 발음해 보자.

семья́	가족
статья́	소논문, 기사
жильё	주택
мать	어머니
дочь	딸
здесь	여기에
пью́	마시다 (1인칭 단수)
пьёт	마시다 (3인칭 단수)
день	일, 낮
тень	그늘
то́лько	단지
слова́рь	사전

Упражнения 2 다음 단어들을 ъ에 주의하면서 발음해 보자.

объе́кт	객체, 대상
субъе́кт	주체
объясне́ние	설명
отъе́зд	출발
подъе́зд	입구
съем	먹다 (1인칭 단수)
съёмка	제거, 촬영, 측량
съе́ли	먹다 (복수형 과거)
подъём	상승
съезд	집회
въезд	입국

Упражнения 3 다음 단어들을 소리 내어 읽고 써 보자.

актёр	배우	па́па	아빠
брат	형제	рука́	팔, 손
вре́мя	시간	су́мка	손가방
го́род	도시	три	숫자 3
дом	집	уро́к	수업
е́сли	만약	фи́рма	회사
ёлка	전나무	храм	사원, 교회
жена́	아내	цвет	색
зна́ние	지식	чай	차 (茶)
и́мя	이름	шко́ла	학교
ко́мната	방	шёлк	비단
лука́	굴곡, 굽이	э́та	이것 (여성형)
ма́ма	엄마	юри́ст	법률가
но́рма	기준, 규범	я́сли	탁아소, 여물통
о́сень	가을	я́сно	분명히, 명백히

제2부
발음(Фонéтика рýсского языкá)
러시아어, 어떻게 읽니?

구 성

1. 모음약화 현상
2. 어말 무성음화 현상
3. 자음동화 현상
4. 자음군의 발음
5. 경자음과 연자음의 발음
6. 기타 발음 현상
7. 철자법 규칙

제2부
발음(Фонéтика рýсского языкá)
러시아어, 어떻게 읽니?

러시아어는 읽기가 아주 쉽다고 할 수도 있고 매우 어렵다고 할 수도 있다. 쉽다고 할 수 있는 근거는 사전에 발음기호를 등록시켜 발음 가이드를 하지 않는 것에서도 확인할 수 있다. 예측이 어려운 영어의 발음과는 달리 러시아어의 발음은 문자를 그대로 연결시켜 쉽게 발음할 수 있다. 물론 아래에서 소개될 몇 가지 음운규칙을 알고 있다는 전제 하에서 말이다. 그리고 어렵다고 하는 이유 중의 하나는 아마도 강세와 연자음의 존재 때문일 것이다. 러시아어에서 강세는 아무리 강조해도 지나치지 않다. 모든 단어는 자신의 고유한 강세를 지니고 있으며 동일 패러다임 안에서도 강세의 이동을 자주 찾아볼 수 있다. 이러한 강세의 위치에 따라서 모음 철자의 발음이 달라질 수 있으니 특히 주의해야 한다. 아래에서는 주요 음운규칙들과 각별히 주의해야 할 발음들을 살펴보도록 한다.

1. 모음약화 현상

통상 강세를 지닌 음절은 강하고 길고 명확하게 발음되고, 비강세 음절은 약하고 짧게 발음된다. 러시아어에는 모음약화라고 불리는 음운현상이 있다. 이는 강세의 위치에 따라서 모음 음가가 달라지는 현상으로 비강세 모음이 보다 약하게 발음되는 것을 의미한다. 비강세 음절에서 'o'와 'a'가 어두에 위치하거나 강세 음절 바로 앞에 올 때는 [a]로 발음되고, 그 외의 위치에서는 [ə]로 발음된다. 그리고 강세 음절 앞이나 뒤에 위치하는 비강세 'e'와 'я'는 [i]로 발음되는데 이러한 현상들이 바로 모음약화 현상이다.

강세음절 바로 앞이나 어두에서 비강세 음절의 'o, a'는 [a]로 발음된다.

огонёк	[agan'ók]	등불
огоро́д	[agarót]	텃밭
огуре́ц	[agur'éц]	오이
одева́ние	[ad'iván'ijə]	치장
когда́	[kagdá]	언제
окно́	[aknó]	창문
дома́шний	[damášn'ij]	집의
потому́	[pətamú]	그러므로
опа́сно	[apásnə]	위험하게
молоко́	[məlakó]	우유
молодо́й	[məladój]	어린, 젊은
хорошо́	[xərašo]	좋다, 잘

위의 경우가 아닌 경우 비강세 음절의 'o, a'는 [ə]로 발음된다.

на мосту́	[nə mastu]	다리 위에서
сказа́ла	[skazálə]	말했다 (여성형 과거)
пода́рок	[padárək]	선물
потоло́к	[pətalók]	천장
о́строва	[óstrəvə]	섬 (생격)
па́па	[pápə]	아빠
э́то	[étə]	이것 (중성)

연자음 뒤에서 비강세 음절의 ‘е, я, а’는 [и]로 발음된다.

но́мер	[nóm’ir]	번호, 호실
ка́чество	[káčistvə]	성질
меня́	[m’in’á]	나를
седьмо́й	[s’id'mój]	7번째의
семья́	[s’im’já]	가족
сестра́	[s’istrá]	자매, 여자형제
стена́	[st’ina]	벽
язы́к	[jizýk]	언어
де́вять	[d'év'it']	숫자 9
де́сять	[d'és'it']	숫자 10
пяти́	[p’it’i]	숫자 5 (격변화형)
яйцо́	[jijcó]	달걀
янта́рь	[jintar']	호박
япо́нец	[jipón'ic]	일본인 (男)
часы́	[č’isý]	시계
часово́й	[č’isavój]	1시간의, 시계의

2. 어말 무성음화 현상

러시아어에서는 단어가 유성음으로 끝나면 이에 대응되는 무성음으로 발음되는데 이를 어말 무성음화 현상이라고 한다. 아래 단어들의 마지막 철자에 주의하면서 발음해 보자.

б → [п]	клуб хлеб	클럽 빵
в → [ф]	о́стров переры́в	섬 휴식시간

г → [к]	друг снег	친구 눈
д → [т]	заво́д сад	공장 뜰, 정원
ж → [ш]	муж эта́ж	남편 층
з → [с]	моро́з раз	추위, 영하 회, 번

3. 자음동화 현상

러시아어에는 자음과 자음이 연달아 나올 때 앞 자음이 뒷 자음의 영향을 받아 뒷 자음의 형질을 닮아가는 현상이 있는데 이것은 무성음화 현상과 유성음화 현상으로 나뉜다.

(1) 무성음화 현상

무성음화 현상은 유성음이 뒤에 나오는 무성음의 영향을 입어 무성음으로 발음되는 현상을 말한다. 아래 단어들의 무성음화 현상에 주의하며 발음해보자.

б → [п]	улы́бка	미소
в → [ф]	за́втра	내일
д → [т]	ло́дка	보트
ж → [ш]	ло́жка	숟가락
з → [с]	ска́зка	동화

(2) 유성음화 현상

유성음화 현상은 무성음이 뒤에 나오는 유성음의 영향을 받아 유성음으로 동화되는 현상으로 러시아어의 동화현상은 뒤 철자가 앞 철자에게 영향을 주는 역방향의 역행동화이다. 아래 단어들의 유성음화 현상에 주의하며 발음해보자.

с → [з]	сбóр	수집 [з]
к → [г]	экзáмен	시험 [г]
т → [д]	футбóл	축구 [д]

(3) 동화현상이 일어나지 않는 예외

유성자음 в 앞에 나오는 무성자음은 유성자음으로 변하지 않고 자신의 음가 그대로 발음된다. 아래 단어들의 비동화 현상에 주의하며 발음해보자.

свобóда	[svabódə]	자유
твой	[tvoj]	너의 (男)
Москвá	[maskvá]	모스크바

4. 자음군의 발음

러시아어 단어의 특징은 여러 개의 자음들이 연달아 나타나는 경우가 많다는 점이다. 처음 러시아어를 배우는 사람들에게서는 이들 자음군 사이에 모음을 삽입하여 추가로 음절을 만드는 경우가 흔히 발

견되는데 이것은 잘못된 습관이니 주의해야 한다. 3개 이상 겹친 자음군들에서 어느 자음 하나는 묵음될 수도 있다. 그러나 어느 음이 묵음될지 똑 떨어지는 규칙이 없으니 각 단어마다 기억해야 한다.

вств/дств/тств → [ств]	здра́вствуйте чу́вство безмо́лвствовать родство́ отсу́тствие	안녕하세요 감정 침묵을 지키다 친척 결핍, 부재
здн → [зн]	пра́здник по́здно звёздный нае́здник уе́здный	축일 늦게 별의 기수 마을의, 군의
стн → [сн]	ле́стница гру́стный ме́стность шестна́дцать сви́стнуть уча́стник	계단 슬픈 지역 숫자 16 휘파람을 불다 참가자
стл → [сл]	счастли́вый зави́стливый со́вестливый уча́стливость жа́лостливость	행복한 질투심 강한 양심적인 인정 연민, 동정심
рдц, лнц → [рц], [нц]	се́рдце 심장 со́лнце 태양	심장 태양

5. 경자음과 연자음의 발음

러시아어는 철자로는 식별되지 않지만 대부분의 자음이 경자음과 연자음으로 쌍을 이루고 있어 2가지로 발음된다. 예를 들면, 자음 철자 т의 표기는 하나이지만 발음은 환경에 따라서 경자음 또는 연자음으로 발음하게 된다. 자신의 음가가 경자음인지 아니면 연자음인지는 자신 뒤에 나오는 모음철자에 의해서 구분된다. 즉, 어떤 자음 뒤에 'а, о, у, э, ы'가 뒤따라오면 경자음이고, 'я, ё, ю, е, и'가 뒤따라오면 연자음이다.

아래 단어 쌍들은 발음이 현저히 다르게 들린다. 이러한 발음의 차이는 뒤에 위치한 모음철자의 차이가 아니라, 앞에 위치한 자음의 연음성의 차이로부터 나온다는 것을 기억하자. 연자음 음가의 표기는 아포스트로피(')를 사용하여 표기한다. 예를 들면, 연자음 н은 [н']으로 표기하여 경자음 н의 발음과 구별한다.

경 · 연자음 쌍 도표

경자음	б	в	г	д	з	к	л	м	н	п	р	с	т	ф	х	ж	ш	ц			
연자음	б'	в'	г'	д'	з'	к'	л'	м'	н'	п'	р'	с'	т'	ф'	х'				й	ч	щ

경·연자음 쌍은 모두 15쌍이고, 쌍을 이루지 않고 경자음만 있는 것은 ж, ш, ц의 3개, 연자음만 있는 것은 й를 포함하여 ч, щ의 3개가 있다.

6. 기타 발음 현상

발음하는데 있어 보다 더 쉽게 하고자 하는 원리를 발음의 '경제성 원리'라고 한다. 러시아어에서는 이 원리에 입각하여 자음과 자음 사이에서 축약현상과 동화현상이 나타나고 있다. 아래 규칙에 따라서 발음하도록 주의해야 한다.

тьс, тс → [ц:]	занима́ться занима́ется познако́миться познако́мится де́тство	종사하다 종사하다 (3인칭 단수) 인사하다 인사하다 (3인칭 단수) 어린 시절
сч, зч → [щ]	счёт сча́стье расска́зчик прика́зчик	합계, 계산서 행복 이야기꾼 판매원
ч → [ш]	что коне́чно	무엇 물론
гк → [хк]	мя́гкий	부드러운
г → [в]	его́ сего́дня того́ э́того	그의 오늘 저 이
тц, дц → [ц:]	отца́ три́дцать	아버지 30
сш → [ш:]	сши́ть	꿰매다
сж → [ж:]	с жено́й	아내와 함께

7. 철자법 규칙

아래 철자법 규칙은 명사와 형용사의 격변화, 동사변화 등에서 필요하니 반드시 기억해 두자.

① г, к, х와 ж, ч, ш, щ 뒤에서는 ы, ю, я를 쓸 수 없고, 대신에 и, у, а를 쓴다.

② ц 뒤에서는 ю, я를 쓸 수 없다. 대신 у, а를 써야 한다.

③ ж, ч, ш, щ, 뒤에서 강세 없는 о가 나오지 못하고, 대신 е를 쓴다.

④ г, к, х, ц 뒤에는 ё, ь가 올 수 없다.

Упражнения 1 다음 단어들을 강세와 음운현상에 주의하면서 읽어보자.

винó	와인	погóда	날씨
водá	물	пи́во	맥주
вóдка	보드카	явлéние	현상
ещё	아직	я́блоко	사과
мóре	바다	окнó	창문
карандáш	연필	молокó	우유

Упражнения 2 다음 단어들의 겹친 자음에 주의하면서 발음해 보자.

икрá	어란	отéчество	조국
шкóла	학교	встрéча	만남
шкаф	옷장	сóлнце	태양
здрáвствуй	안녕	сдвиг	진행
странá	나라	сдви́жка	이동
страдáние	고통	инострáнный	외국의

Упражнения 3 아래 단어 쌍을 경자음과 연자음에 주의하면서 발음해 보자.

б - б'	быть - бить	이다 – 치다
н - н'	кон - конь	한 판의 놀이 – 말
м - м'	мы́шка - ми́шка мать - мять	작은 쥐 – 장난감 곰 어머니 – 구기다
л - л'	лук - люк фла́ги - фля́ги у́гол - у́голь	양파 – 승강구 깃발 (복수) – 병 구석 – 석탄
т - т'	та́пки - тя́пки мат - мать шест - шесть	실내화 – 도끼 곤경 – 어머니 장대 – 숫자 6

제3부

문법(Граммáтика рýсского языкá)

러시아어, 어떻게 말하니

구성

제3부
문법(Граммáтика рýсского языкá) 러시아어, 어떻게 말하니

제1장 Кто э́то? Э́то Антóн. Э́то Антóн?

ТЕМА 사람의 이름과 직업에 대해 묻고 대답하기

Э́то Антóн. 이 사람은 안톤입니다.

Кто э́то? 이 사람은 누구입니까?

Э́то Антóн? 이 사람이 안톤입니까?

ГРАММАТИКА

위에 제시된 문장은 평서문, 의문사 있는 의문문, 그리고 의문사 없는 의문문의 대표적인 문장이다. 여기에서는 활동체 명사인 '사람'의 직업이나 이름 등을 묻고 대답하는 방법에 대해 살펴볼 것이다.

1. 평서문

'*이것은 책이다, 이 사람은 의사이다*'와 같이 화자가 청자에게 자신의 생각이나 사실을 말할 때 사용하는 문장 형태를 평서문이라고 한다. 러시아어에서는 이러한 평서문의 형태로 사람이나 사물의 이름, 명칭, 직업 등에 대해서 말할 수 있다. 아래 문장에서 보다시피, 러시

아어에서는 영어의 be 동사에 해당하는 단어를 사용하지 않고도 의사 전달을 정확히 할 수 있다. 아래 문장에서 주어는 Э́то(이 사람은)이며 술부는 동사에 해당하는 요소 없이 단지 명사 하나만 있을 뿐인데도 문법적으로는 완전한 현재 시제의 문장들이 이루어진다. 아래와 같은 문장에서는 현재 시제를 표시하기 위한 단어는 사용하지 않는다. 만약 과거나 미래 시제로 말하고 싶다면, 동사 быть의 형태를 변화시켜 사용하는데, 뒤에서 다시 언급할 것이다.

Э́то друг.	이 사람은 친구입니다.
Э́то подру́га.	이 사람은 여자 친구입니다.
Э́то президе́нт.	이 사람은 대통령입니다.
Э́то врач.	이 사람은 의사입니다.
Э́то медсестра́.	이 사람은 간호사입니다.
Э́то певе́ц.	이 사람은 가수입니다.
Э́то брат, Анто́н.	이 사람은 형 안톤입니다.

러시아어는 강세가 중요한 것처럼 억양도 매우 중요하다. 러시아 문법학자들은 억양 구조를 4~7종으로 분류하고 있는데, 초급과정에서는 4~5종의 억양 구조를 다루곤 한다. 평서문에 사용되는 억양은 강세가 있는 억양의 중심부에서 내려오는 하강어조를 지니는데, 이러한 패턴의 억양을 억양구조 1(ИК-1)이라고 한다. 초급 교재에서는 억양구조의 표시를 아래 예문처럼 보통 강세에 번호를 붙여서 제시하며 여기가 억양의 중심이 된다:

Э́то медсестр$\overset{1}{\text{а}}$.	이 사람은 간호사입니다.
Э́то пев$\overset{1}{\text{е}}$ц.	이 사람은 가수입니다.

Настя студ$\overset{1}{\text{е}}$нтка.	나스쨔는 여대생입니다.
Антон адвок$\overset{1}{\text{а}}$т.	안톤은 변호사입니다.

ИК-1 평서문 억양: 일반적 서술, 진술문을 표현할 때 사용한다.

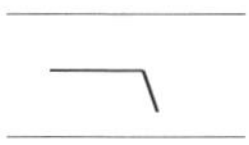

2. 의문사 있는 의문문

의문사에는 여러 가지가 있다. 상황에 따라 적절한 의문사를 사용하여 다양한 의문문을 만들 수 있다. 사람이나 동물처럼 살아있는 생명체, 즉, 활동체 명사를 지칭하여 물어볼 때 의문사 'Кто(누구)'를 사용한다. 러시아어 명사는 '생물과 무생물'로 분류된다. 즉, 사람과 동물 등을 나타내는 활동체 명사와 사물이나 물건 등 생명을 지니지 않은 불활동체 명사로 구분되는데, 의문사 'Кто'는 활동체 명사를 지칭하여 이름이나 직업에 대해 질문할 때 사용한다. 아래의 문장들은 그림이나 사진을 보면서 나눌 수 있는 질문과 응답이다.

'Кто э́то?'와 같은 의문사가 있는 의문문의 억양은 의문사의 강세를 중심으로 강하고 힘 있는 어조로 발음하며 후반부에서 하강한다. 이러한 종류의 억양 구조를 ИК-2라 하고 아래처럼 핵심어의 강세위치에 숫자 2를 표시한다:

Кт$\overset{2}{\text{о}}$ это?	이 사람은 누구입니까?
Э́то студе́нт.	이 사람은 학생입니다.

Кто^{2} Ивáн?	이반은 누구입니까?
Он студéнт.	그는 대학생입니다.
Кто^{2} Натáша?	나타샤는 누구입니까?
Э́то Натáша. Онá медсестрá.	이 분이 나타샤입니다. 그녀는 간호사입니다.
Кто^{2} студéнт?	누가 대학생입니까?
Э́то студéнт.	이 사람이 대학생입니다.
Кто^{2} студéнтка?	여대생은 누구입니까?
Э́то студéнтка.	이 사람이 여대생입니다.
Кто^{2} брат?	형은 누구입니까?
Э́то брат.	이 사람이 형입니다.
Кто^{2} профéссор?	교수는 누구입니까?
Э́то профéссор.	이 사람이 교수입니다.

ИК-2 의문사 있는 의문문 억양: 의문사 부분을 높게 올려 발음한다.

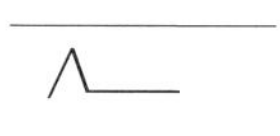

3. 의문사가 없는 의문문

'이 사람은 ~입니까?'와 같은 의문사가 없는 의문문의 어순은 평서문의 어순과 동일하다. 그러므로 어순만으로는 평서문과 의문문을 구별할 수 없다. 다만 의문문에서는 문장의 끝에 의문부호를 사용하고 묻고자 하는 핵심어의 강세를 중심으로 어조를 높여서 강하게 발음하는데, 이러한 문장의 억양 구조를 ИК-3라 한다.

Э́то гид?	이 사람은 가이드입니까?
Э́то журналист?	이 사람은 기자입니까?
Э́то бизнесмен?	이 사람은 사업가입니까?
Э́то музыкант?	이 사람은 음악가입니까?
Ива́н переводчик?	이반은 통역사입니까?
Ната́ша школьница?	나타샤는 여학생입니까

ИК-3 의문사 없는 의문문: 묻고자하는 단어의 강세부분을 높여 발음한다.

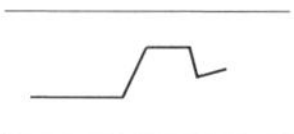

4. 인칭대명사

명사를 대신해서 사용하는 대명사에는 인칭대명사, 지시대명사, 재귀대명사 등과 같은 여러 종류들이 있다. 여기서 인칭대명사란 사람을 지칭하는 대명사로 아래 표에서 보다시피 인칭과 수에 따라 그 형태가 다르다:

		단 수	복 수
1인칭		Я	Мы
2인칭		Ты	Вы
3인칭	남성	Он	Они́
	여성	Она́	
	중성	Оно́	

〈Ты와 Вы의 사용〉

인칭대명사에서 ты(너)와 вы(당신)는 단순히 단수와 복수를 의미하는 것은 아니다. ты는 '너 - 2인칭단수'라는 의미 이외에 연장자라도 가까운 사이라면 사용할 수 있는 친밀관계를 나타내는 단어이다. 반면 вы는 2인칭 복수를 나타내는 단어로 '너희들', '당신들'이라는 복수의 의미와 함께 단수이지만 처음 보는 상대와 같이 객관적 거리를 유지해야 하거나, 존경의 의미를 표시하고자 할 때 사용된다. 어떤 사람과의 관계가 처음에는 вы로 시작했다가 ты로 넘어가면 그만큼 가까워졌음을 의미한다.

〈가족단어〉

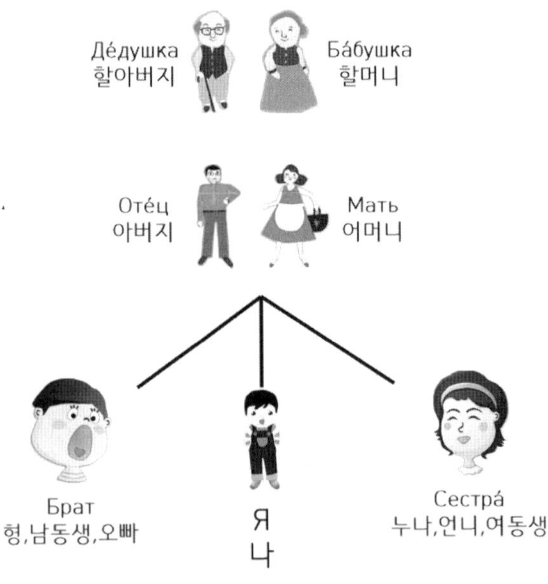

다음 문장들을 강세와 억양에 주의하면서 읽어보자.

Кто она́?	Она́ сестра́.	Она́ сестра́?
Кто он?	Он гид.	Он гид?
Кто ты?	Я медсестра́.	Ты медсестра́?
Кто вы?	Я студе́нт.	Вы студе́нт?
Кто вы?	Мы студе́нт и профе́ссор.	Вы студе́нт и профе́ссор?
Кто они́?	Они бизнесме́н, музыка́нт и перево́дчик.	Они бизнесме́н, музыка́нт и перево́дчик?

다음 대화문을 읽어보고 유사한 대화문을 만들어보자.

Ната́ша	Здра́вствуйте! А кто вы?	안녕하세요! 그런데 당신은 누구세요?
Анто́н	Здра́вствуйте! Я гид.	안녕하세요! 저는 가이드입니다.
Ната́ша	Анто́н! Кто э́то? Э́то профе́ссор?	안톤! 이 사람은 누구인가요? 이 사람은 교수인가요?
Анто́н	Да, он профе́ссор.	네. 그는 교수입니다.
Ната́ша	А э́то кто?	그런데 이 사람은 누구인가요?
Анто́н	Э́то врач.	이 사람은 의사입니다.

ВЫРАЖЕНИЯ

〈만날 때 하는 인사말〉

Здра́вствуйте!	안녕하세요!
Здра́вствуй!	안녕!
Приве́т!	안녕!

〈헤어질 때 하는 인사말〉

Пока́!	안녕! 잘 가!
До свида́ния!	잘 있어! 안녕히 계세요.

СЛОВАРЬ

э́то 이 사람은(이것은) ~이다.	музыка́нт 음악가
кто 누구	перево́дчик 통, 번역가
друг 남자친구	учени́к 제자, 남학생
подру́га 여자친구	учени́ца 제자, 여학생
президе́нт 대통령	шко́льник 초, 중, 고등학생 男
студе́нт 남자대학생	шко́льница 초, 중, 고등학생 女
студе́нтка 여자대학생	брат 형, 오빠, 남동생
врач 의사	сестра́ 언니, 누나, 여동생
медсестра́ 간호원	да 네
певе́ц 남자가수	и 그리고
певи́ца 여자가수	но 그러나
профе́ссор 교수	я 나
гид 가이드	ты 너
ма́ма 엄마	он 그
оте́ц 아버지	она́ 그녀
де́вушка 아가씨	оно́ 그것
журнали́ст 저널리스트	они́ 그들
бизнесме́н 사업가	мы 우리
здра́вствуй(те) 안녕하세요.	вы 당신, 너희, 당신들
приве́т 안녕	пока́ 안녕, 잘가!
	до свида́ния 안녕히 계세요.

УПРАЖНЕНИЯ 다음을 러시아어로 쓰고 말하시오.

① 당신이 간호사이십니까?

____

② 이 사람이 당신입니까?

____

③ 그녀는 언니입니다.

____

④ 네가 오빠니?

____

⑤ 안톤은 친구입니다.

____

⑥ 나타샤가 친구야?

____

⑦ 그는 의사입니다.

____

⑧ 누가 대통령입니까?

____

⑨ 이반은 교수님입니까?

____

⑩ 그는 가이드 안톤입니다.

____

СОВРЕМЕННАЯ КУЛЬТУРА В РОССИИ
- 러시아인의 이름(И́мя)

러시아인의 이름은 이름(и́мя), 부칭(о́тчество), 그리고 성(фами́лия)의 3 부분으로 이루어져 있다. 친구나 가족처럼 친한 사이는 이름이나 애칭으로 부른다. 공식적인 자리나 격식을 차린 자리에서의 호칭은 이름과 부칭을 함께 사용한다. 여기서 부칭은 '~의 딸, ~의 아들'을 의미하는데 아버지의 이름에 딸은 '-овна/-евна'를, 아들은 '-ович/-евич'를 붙이기 때문에 '부칭'이라고 부른다. 블라지미르(Влади́мир)의 아들은 블라지미로비치(Влади́мирович)가 되며, 딸은 블라지미로브나(Влади́мировна)가 된다. 공식 석상이나 연설회장 등에서 존경의 의미인 '~씨'나 'Mr.'의 의미로 부를 경우 남성은 господи́н, 여성은 госпожа́를 성의 앞에 붙여 성과 함께 사용하거나 직책과 성을 함께 사용한다.

Э́то Мария Ю́рьевна Шара́пова.	이 사람은 마리야 유리예브나 샤라포바입니다.
Она́ Еле́на Гаджи́евна Исинба́ева.	그녀는 옐레나 가지예브나 이신바예바입니다.
Э́то Фёдор Влади́мирович Емельяненко.	이 사람은 표도르 블라지미로비치 예멜리야넨코입니다.
Он Алекса́ндр Серге́евич Пу́шкин.	그는 알렉산드르 세르게예비치 푸쉬킨입니다.
Влади́мир Влади́мирович Пу́тин- президе́нт.	블라지미르 블라지미로비치 푸틴은 대통령입니다.
Президе́нт Пу́тин!	푸틴 대통령!
Влади́мир Влади́мирович!	블라지미르 블라지미로비치씨!

러시아에서 가장 대중적인 남성이름은 알렉산드르(Алекса́ндр), 가장 대중적인 여성의 이름은 옐레나(Еле́на)로 알려져 있다.

우리나라도 그렇지만 러시아 역시 작명에 유행을 탄다. 예를 들어 소비에트 시절 가장 인기 있었던 여성의 이름은 레나(Ле́на), 까쨔(Ка́тя), 올랴(О́ля), 나타샤(Ната́ша)였으나 90년대부터 2000년대에는 마샤(Ма́ша), 크세냐(Ксе́ния), 다샤(Да́ша)였다. 그러나 2012년 러시아 포털 사이트 얀덱스(yandex)에서 조사한 바에 따르면 가장 대중적인 남성의 이름은 알렉산드르(Алекса́ндр), 가장 대중적인 여성의 이름은 옐레나(Еле́на)로 집계되었다. 다음은 2012년 1월 집계된 남녀 이름 탑10 순위이다.[2]

순위	가장 대중적인 남성이름 Top-10	가장 대중적인 여성이름 Top-10
1	알렉산드르(Алекса́ндр)	옐레나(Еле́на)
2	세르게이(Серге́й)	올가(О́льга)

2 https://yandex.ru/company/researches/2012/ya_names_2012
http://statistic.su/blog/most_popular_names_in_russia/2012-03-23-620 참고

3	드미뜨리(Дми́трий)	나딸리아(Ната́лья)
4	안드레이(Андре́й)	예까쩨리나(Екатери́на)
5	알렉세이(Алексе́й)	안나(А́нна)
6	막심(Макси́м)	따찌야나(Татья́на)
7	예브게니(Евге́ний)	율랴(Ю́лия)
8	블라지미르(Влади́мир)	아나스타샤(Анаста́сия)
9	이반(Ива́н)	이리나(Ири́на)
10	미하일(Миха́ил)	마리야(Мари́я)

<Ната́лья Никола́евна Гончаро́ва>

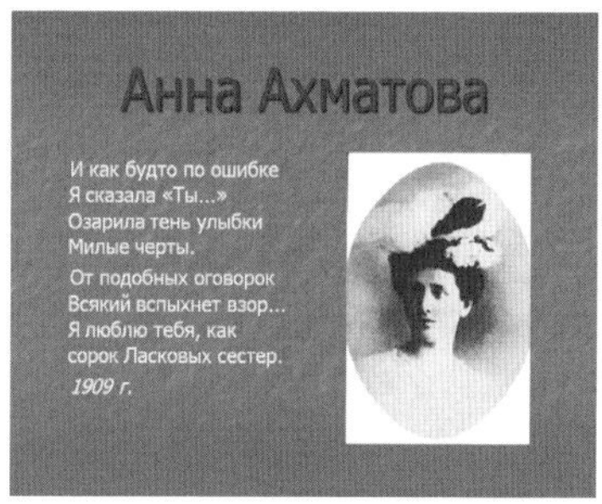

<А́нна Андре́евна Ахма́това>

<Михаи́л Васи́льевич Ломоно́сов>

<Ю́рий Алексе́евич Гага́рин[3]>

3 http://yandex.ru/images/Гончаро́ва, Ахма́това, Ломоно́сов, Гага́рин

제2장 Что э́то? Э́то вода́. Э́то вода́?

ТЕМА 사물의 명칭에 대해 묻고 답하기

Э́то вода́.	이것은 물입니다.
Что э́то?	이것은 무엇입니까?
Э́то вода́?	이것은 물입니까?

ГРАММАТИКА

1장에서는 활동체 명사에 대해 묻고 대답하는 것에 대해 살펴보았다. 2장에서는 불활동체 명사인 사물에 대해 질문하고 이에 대해 긍정과 부정으로 대답하는 방법을 살펴볼 것이다.

1. 평서문

평서문은 1장에서 살펴본 평서문과 동일하다. 여기에서는 주로 대상이 불활동체 명사이므로 'Э́то'는 '이것'으로 해석된다.

Э́то кни́га.	이것은 책입니다.
Э́то газе́та.	이것은 신문입니다.
Э́то журна́л.	이것은 잡지입니다.
Э́то шко́ла.	이것은 학교입니다.

2. 의문사 있는 의문문

의문사 Что(무엇)는 불활동체 명사, 즉, 생명체가 아닌 사물을 지칭하여 물어볼 때 사용하는 의문사이다. 이 문장에 대한 대답 역시 활동체 명사와 마찬가지로 지시대명사 Э́то를 사용할 수 있다. 아래 문장들은 현재 시제문인데, 이를 지칭하는 단어는 나타나지 않는다.

Что э́то?	이것은 무엇입니까?
Э́то университе́т.	이것은 대학교입니다.
Э́то институ́т.	이것은 연구소입니다.
Э́то стол.	이것은 책상입니다.
Э́то стул.	이것은 의자입니다.
Э́то вода́.	이것은 물입니다.
Э́то вино́.	이것은 포도주입니다.
Э́то пи́во.	이것은 맥주입니다.
Э́то во́дка.	이것은 보드카입니다.

'Что э́то?'와 같은 의문사 있는 의문문의 억양은 ИК-2이며, 의문사의 강세를 중심으로 어조를 높여 강하고 힘찬 어조로 발음하고 후반부에서는 하강한다.

Что (2) э́то?	이것은 무엇입니까?
Что (2) там?	저기에 무엇이 있나요?

3. 의문사가 없는 의문문

1장에서 언급했듯이 'Э́то окно́?'와 같은 의문사가 없는 의문문의 어순은 평서문의 어순과 동일하다. 다만 의문문에서는 문장의 끝에 의문부호를 사용하고 뒷부분을 상승어조로 발음한다. 묻고자 하는 핵심어의 강세를 중심으로 어조를 높여서 강하게 발음하는데, 이러한 문장들은 억양구조 ИК-3을 지닌다.

Э́то окно^{3}?	이것은 창문입니까?
Э́то река^{3}?	이것은 강입니까?
Э́то маши^{3}на?	이것은 자동차입니까?
Э́то магази^{3}н?	이것은 상점입니까?
Э́то па^{3}рк?	이것은 공원입니까?
Э́то ко^{3}мната?	이것은 방입니까?
Э́то стол и сту^{3}л?	이것은 책상과 의자입니까?
Э́то чай или ко^{3}фе?	이것은 차입니까, 아니면 커피입니까?

4. 긍정문과 부정문

의문사 없는 의문문에서 질문에 대한 응답이 긍정일 때에는 Да(예)를 사용한다. 그리고 부정일 때는 Нет(아니요)와 부정소사 'не'를 사용하여 대답한다. 부정소사 'не'는 명사, 동사, 수사, 형용사 등의 앞에서 그 단어를 부정하는 기능을 한다. 아래에서 질문에 대해 긍정과 부정으로 응답하는 방식을 연습해 보자.

Э́то шко́ла? Да, э́то шко́ла. Нет, э́то не шко́ла.	이것은 학교입니까? 예, 이것이 학교입니다. 아니요, 이것은 학교가 아닙니다.
Что э́то? Э́то вода́? Да, э́то вода́. Нет, э́то не вода́.	이것은 무엇입니까? 이것은 물입니까? 예, 이것은 물입니다. 아니요, 이것은 물이 아닙니다.
Кто э́то? Э́то ма́ма? Да, э́то ма́ма. Нет, э́то не ма́ма.	이 분은 누구입니까? 이 분은 엄마입니까? 예, 이 분은 엄마입니다. 아니요, 이 분은 엄마가 아닙니다.

Что э́то? Э́то дом? Да, э́то дом. Нет, э́то не дом.	이것은 무엇입니까? 이것은 집입니까? 예, 이것은 집입니다. 아니요, 이것은 집이 아닙니다.

아래는 부정문 'Нет, это не...'의 구조를 가진 문장들이다.
강세와 억양에 주의하면서 읽어보자.

Э́то ко́фе? Нет, э́то не ко́фе. Э́то чай.	이것은 커피입니까? 아니요, 이것은 커피가 아닙니다. 이것은 차입니다.
Э́то кни́га и газе́та? Нет, э́то не кни́га и не газе́та. Это журна́л и учё́бник.	이것이 책과 신문입니까? 아니요, 이것은 책과 신문이 아닙니다. 이것은 잡지와 교과서입니다.
Анто́н студе́нт? Нет, он не студе́нт. Он шко́льник.	안톤은 대학생입니까? 아니요, 대학생이 아닙니다. 그는 (초/중/고등) 학생입니다.
Кто врач? Вы? Нет, я не врач. Я медсестра́.	누가 의사입니까? 당신입니까? 아니요, 나는 의사가 아닙니다. 나는 간호사입니다.
Э́то чай? Нет, э́то не чай. Э́то ко́фе.	이것은 차입니까? 아니요, 이것은 차가 아닙니다. 이것은 커피입니다.
Э́то шко́ла? Нет, э́то не шко́ла. Э́то университе́т.	이것은 학교예요? 아니요, 이건 학교가 아니에요. 이것은 대학교예요.

다음 대화문을 살펴보고 유사한 대화문을 만들어보자.

Ната́ша	Анто́н! Что э́то? Э́то вода́?	안톤! 이게 뭐야? 이거 물이야?
Анто́н	Нет, э́то не вода́. Э́то во́дка.	아니, 이건 물이 아니야. 이건 보드카야.

Натáша	О́й! А э́то?	어머! 그럼 이건?
Антóн	Э́то чай.	이건 차야.

ВЫРАЖЕНИЯ

〈안부 묻고 답하기〉

Как делá?	어떻게 지내세요?
Хорошó!	좋아요!
Спаси́бо!	고마워요!
Как у вас?	당신은요?
Плóхо!	나빠요!
Не плóхо.	나쁘지 않아요! 좋아요!
Нормáльно!	괜찮아요!

〈감사 표현과 응답〉

Большóе вам спаси́бо за пóмощь.	도와 주셔서 대단히 감사합니다.
Спаси́бо!	감사합니다!
Нé за что!	별말씀을요!
Не стóит.	천만에요.
Пожáлуйста!	괜찮아요(동의, 수락)

СЛОВАРЬ

водá 물	кóфе 커피
кни́га 책	магази́н 상점
гóрод 도시	дéло 일
университéт 대학	парк 공원
институ́т 전문대학, 연구소	тóже 역시
шкóла 초, 중, 고등학교	вóдка 보드카
журнáл 잡지	пи́во 맥주
газéта 신문	винó 와인

окно́ 창문 река́ 강 стол 책상 стул 의자 сад 정원 шкаф 장롱 маши́на 자동차 дом 집 доро́га 도로, 길 ко́мната 방 чай 차	и́ли 또는 уче́бник 교재 нет 아니요 пло́хо 나쁘다 норма́льно 보통이다(괜찮아요) как 어떻게 большо́й 커다란 по́мощь 도움 女 спаси́бо 고마워요 пожа́луйста 제발

УПРАЖНЕНИЯ 다음을 러시아어로 쓰고 말하시오.

① 이것이 대학교입니까? 아니요, 이것은 대학교가 아닙니다. 이것은 학교입니다.

____

② 이것이 잡지니? 아니야, 이것은 책이야.

____

③ 이것은 집이 아닙니까? 네, 이것은 집이 아닙니다. 이것은 상점입니다.

____

④ 이것이 물입니까? 아니요, 이것은 보드카입니다.

____

⑤ 이것 역시 공원입니까? 네, 이것도 공원입니다.

____

⑥ 이것은 자동차입니까? 아닙니다. 이것은 자동차가 아닙니다.

____

⑦ 이것이 책상과 의자입니까? 네, 이것이 그것들입니다.

____

⑧ 이것이 장롱입니까? 이것은 장롱이 아닙니다.

____

⑨ 이것은 도로(길)가 아닙니까? 아니요, 이것은 도로입니다.

____

⑩ 이것이 창문입니다.

____

СОВРЕМЕННАЯ КУЛЬТУРА В РОССИИ - 러시아인의 애칭
(Уменьши́тельно-ласка́тельные фо́рмы имён)

러시아인들은 친구나 가족처럼 친한 사이는 이름을 줄여 '애칭'으로 부른다. 러시아 장편 소설을 읽을 때는 인물 족보를 그려야 한다는 말이 있다. 이것은 이름이 길고 호칭을 상황에 따라 서로 다르게 사용하고, 애칭을 사용하여 복잡하기 때문이다. 호칭자와 상황에 따라 동일 인물이 '사샤, 사셴까, 알렉산드르'라고 불릴 수 있으니 다음의 애칭을 잘 익혀 혼동하는 일이 없도록 하자.

Алекса́ндр(а) → Са́ша
Алексе́й → Алёша, Лёша
Анато́лий → То́ля
Бори́с → Бо́ря
Васи́лий → Ва́ся
Влади́мир → Воло́дя, Во́ва
Григо́рий → Гри́ша
Дми́трий → Ди́ма
Евге́ний → Же́ня
Ива́н → Ва́ня
Никола́й → Ко́ля
Па́вел → Па́ша
Пётр → Пе́тя
Серге́й → Серёжа
Ю́рий → Ю́ра

Анастаси́я → На́стя
А́нна → А́ня
Викто́рия → Ви́ка
Гали́на → Га́ля
Да́рья → Да́ша
Екатери́на → Ка́тя
Еле́на → Ле́на
Ири́на → И́ра
Людми́ла → Лю́да
Мари́я → Ма́ша
Маргари́та → Ри́та
Ната́лья → Ната́ша
О́льга → О́ля
Светла́на → Све́та
Со́фия → Со́ня
Татья́на → Та́ня

제3장 Где университе́т? Вот университе́т.

ТЕМА 장소, 위치에 대해 묻고 대답하기

Где университе́т? 어디에 대학교가 있습니까?
Вот университе́т. 여기에 대학교가 있습니다.
Университе́т там. 대학교는 저기에 있습니다.

ГРАММАТИКА

1. 의문사 Где?

어떤 대상이 어디에 있는지, 그 장소나 위치에 대해서 질문할 때는 아래 문장에서처럼 의문사 где(어디에)를 사용한다. 대답은 장소를 나타내는 부사를 사용할 수 있다.

Где каранда́ш?	어디에 연필이 있습니까?
Где магази́н?	어디에 상점이 있습니까?
Где ко́мната?	어디에 방이 있습니까?
Где университе́т?	어디에 대학교가 있습니까?
Где оте́ц?	어디에 아버지가 계십니까?
Где ма́ма?	어디에 엄마가 계십니까?
Где брат?	어디에 형이 있습니까?
Где сестра́?	어디에 누나가 있습니까?

2. 장소부사 вот, тут(здесь), там

장소를 묻는 где에 대한 대답으로 부사 'вот, тут, там' 등을 사용할 수 있다. 이들은 사물의 위치나 장소를 의미하는 부사로서 '여기에, 저기에, 거기에'로 해석된다. 장소부사 'вот'는 눈에 보이는 어떤 것을 가리키거나 보여주며 '(바로) 여기에 ~이 있다.' 라는 의미를 갖는다. 'тут, здесь'는 화자와 근거리에 있는 어떤 장소를 의미하며, '여기에, 이곳에'의 의미를 갖는데, 'тут'는 'здесь'보다 회화체 표현이다. 'там'은 화자와 조금 떨어진 곳에 있는 장소를 가리키며, '저곳, 저기에'의 의미를 갖는다. 아래 문장들을 살펴보면서 장소부사 사용법을 이해하도록 하자.

Вот ру́чка.	(바로) 여기에 펜이 있습니다.
Вот авто́бус.	(바로) 여기에 버스가 있습니다.
Тут аудито́рия.	여기에 강의실이 있습니다.
Тут компью́тер.	여기에 컴퓨터가 있습니다.
Здесь метро́.	여기에 지하철이 있습니다.
Здесь преподава́тель.	여기에 선생님이 계신다.
Там преподава́тельница.	저기에 선생님이 계셔.
Там заня́тие.	저기에서는 수업이 있습니다.
Заня́тие там.	수업은 저기에서 있습니다.

3. 등위접속사 и, но, а

접속사 'и, но, а'는 단어·구·문장 등을 연결시켜주는 기능을 하는 접속사이다. 이들의 서로 다른 사용법을 살펴보자.

1) и (그리고): 단어, 구, 절 등을 나열하여 연결하는데 사용한다. 3개 이상의 단어를 나열할 때는 각 단어 뒤에 쉼표를 두고, 맨 마지막 단어 앞에 'и'를 사용한다.

ру́чка и каранда́ш.	펜과 연필.
парк и магази́н.	공원과 상점.
ру́чка, перо́, тетра́дь и ла́стик.	볼펜, 펜, 공책 그리고 지우개.

Вот ру́чка и каранда́ш.	여기에 펜과 연필이 있습니다.
Тут бума́га и компью́тер.	여기에 종이와 컴퓨터가 있습니다.
Здесь ко́фе и чай.	여기에 커피와 차가 있습니다.
Там университе́т и магази́н.	저기에 대학교와 상점이 있습니다.
Ма́ма и па́па там.	엄마와 아빠는 저기에 계십니다.
Э́то газе́та и журна́л.	이것은 신문과 잡지입니다.

2) но (그러나): 앞, 뒤 상황이 상반될 때 사용한다. 앞의 상황에 대한 부정적 결과를 이끌 때, 또는 기대하던 상황과 다른 결과가 발생할 때 'но'를 사용하여 문장을 연결한다. 아래와 같은 문장에서 '-지만, 그러나'가 'но'에 해당한다. 그러나 이 접속사는 보다 복잡한 문장과 문장을 연결할 때 사용하므로 뒤에서 명사와 동사변화를 익힌 후 살펴볼 것이다.

나는 시험공부를 열심히 했지만 시험을 망쳤다.
나는 그녀를 사랑한다. 그러나 그녀는 나를 사랑하지 않는다.

3) а (그런데): 앞과 뒤의 다른 상황이나 사물을 비교하고 대조할 때 사용한다. 앞의 상황과 뒤의 상황이 단순히 다를 경우 사용되므로 'но'와는 달리 '부정의 의미'는 없다. 예를 들어 아래 문장에서 밑줄 쳐진

단어 '~지만, 그러나, ~고'가 접속사 'а'에 해당한다.

아빠는 회사에 있지만, 엄마는 집에 있어요.
여기에는 상점이 있고, 저기에는 학교가 있어요.
저는 여름을 좋아합니다. 그러나 나의 친구는 가을을 좋아해요.

Тут компью́тер, а там стул.	여기에는 컴퓨터가, 저기에는 의자가 있습니다.
Здесь метро́, а там авто́бус.	여기에 지하철이, 저기에 버스가 있습니다.
Вот университе́т, а там шко́ла.	여기에 대학교가, 저기에 학교가 있습니다.
Э́то вода́, а тот чай.	이것은 물이고 저것은 차입니다.

아래 문장들을 읽고 해석하면서 접속사 사용법을 익혀보자.

Вот фи́рма.	여기에 회사가 있습니다.
Здесь стол и стул.	여기에 책상과 의자가 있습니다.
Вот ру́чка и бума́га.	여기에 펜과 종이가 있습니다.
Тут шкаф, а там компью́тер.	여기에는 옷장이, 저기에는 컴퓨터가 있습니다.
Э́то кни́га, и э́то то́же кни́га.	이것은 책이고, 그리고 이것 또한 책입니다.
Э́то Ива́н. Он здесь.	이 사람은 이반입니다. 그는 여기에 있습니다.
Э́то Ма́ша. Она́ там.	이 사람은 마샤입니다. 그녀는 저기에 있습니다.
Э́то Ива́н, а э́то Ма́ша.	이 사람은 이반이고, 이 사람은 마샤입니다.
Ива́н здесь, а Ма́ша до́ма.	이반은 여기에 있지만, 마샤는 집에 있습니다.

다음 대화문을 살펴본 후 유사한 대화문을 만들어보자.

Ната́ша	Извини́те, пожа́луйста! Где метро́ ?	죄송합니다만 지하철이 어디에 있나요?
Анто́н	Метро́ там.	지하철은 저기에 있어요.

Ната́ша	А ещё... э́то университе́т?	그리고 또... 여기가 대학교인가요?
Анто́н	Нет, э́то шко́ла. Университе́т там.	아니요, 이것은 학교에요. 대학교는 저기입니다.
Ната́ша	Спаси́бо!	감사합니다!

러시아 안내문 이해하기[4]

ОТ СЕБЯ́ 미시오  	**К СЕБЕ́** 당기시오  	**ВХОД** 입구  	**ВЫ́ХОД** 출구  	**ТУАЛЕ́Т** 화장실 
КА́ССА 계산대 	**БАР** 바  	**РЕСТОРА́Н** 레스토랑 	**КАФЕ́** 카페  	**НЕ КУРИ́ТЬ** 금연 
ВХОД(ПРОХО́Д) ВОСПРЕЩЁН 출입금지 	**СТОЯ́НКА ЗАПРЕЩЕНА́** 주차금지  	**ОПА́СНО** 위험  	**ЗАКА́З** 예약석  	**МЕ́СТО ДЛЯ КУРЕ́НИЯ** 흡연실 
РЕМО́НТ 공사(수리)  	**НЕ РАБО́ТАЕТ** 운행중지/휴업 	**СТОП** 멈추시오  	**ОБМЕ́Н ВАЛЮ́ТЫ** 환전  	**ЗА́НЯТО** 사용중 

4 https://yandex.ru/images/search

<table>
<tr>
<td>М(МЕТРÓ)
지하철
</td>
<td>ПЕРЕХÓД
환승(건널목)
</td>
<td>А(АВТÓБУС)
버스
</td>
<td>ТР(ТРАМВÁЙ)
트람바이(트램)
</td>
<td>ТБ(ТРОЛЛÉЙБУС)
트롤리버스
</td>
</tr>
<tr>
<td colspan="2">ТАКСИ́
택시 타는 곳
</td>
<td>ВХÓДА НЕТ
입구 없음
</td>
<td colspan="2">ПАРИКМÁХЕРСКАЯ
미장원
</td>
</tr>
<tr>
<td colspan="2">МАГАЗИ́Н ЗАКРЫ́Т
폐점
</td>
<td>БЕСПЛÁТНО
무료
</td>
<td colspan="2">ЧАСЫ́ РАБÓТЫ 24ч.
БЕЗ ВЫХОДНЫ́Х
24시간 영업
</td>
</tr>
</table>

ВЫРАЖЕНИЯ

Благодарю́ вас. 감사합니다.

Как жи́знь? 사는 건 어떠십니까?

О́чень хорошó. 매우 좋아요.

Ничегó! 괜찮아요. (사과에 대한 답)

〈용서를 구하는 표현〉

Извини́(те). Пожалуйста! 미안합니다.

Прости́(те). Пожалуйста! 죄송합니다.

Прошу́ прощéния. 용서하세요.

СЛОВАРЬ

преподава́тель 강사 男 (대학교)	компью́тер 컴퓨터
преподава́тельница 강사 女 (대학교)	до́ма 집에, 집에서
учи́тель 교사 男 (초, 중, 고교)	каранда́ш 연필
учи́тельница 교사 女 (초, 중, 고교)	ру́чка 펜
аудито́рия 강의실	бума́га 종이
гру́ппа 그룹, 무리, 반	жизнь 삶, 인생 女
заня́тие 수업, 강의	авто́бус 버스
предме́т 물체, 주제, 과목	метро́ 지하철
ле́кция 강연, 강의	фи́рма 회사
вот 여기, 바로	о́чень 매우, 몹시
тут, здесь 여기	ла́стик 지우개
там 저기, 거기	ко́фе 커피
оте́ц 아버지	чай 차
брат 형, 오빠, 남동생	ещё 아직
сестра́ 언니, 누나, 여동생	проще́ние 용서
но 그러나	прости́(те) 죄송해요
а 그런데	извини́(те) 미안해요
благодарю́ (나는) 감사하다	

УПРАЖНЕНИЯ 다음을 러시아어로 쓰고 말하시오.

① 나는 여기에 있지만 그녀는 저기에 있어요.

____

② 그들 역시 집에 있어요.

____

③ 이것은 연필과 펜입니다.

____

④ 저기에 도시가 있습니까?

____

⑤ 아니요, 저기에 가게가 있어요.

___

⑥ 이것은 차가 아니에요.

___

⑦ 여기에 컴퓨터가 있고 저기에는 책이 있어요.

___

⑧ 교수님은 집에 계세요.

___

⑨ 여기에 공원과 상점이 있어요.

___

⑩ 강의실은 저기에 있어요.

___

СОВРЕМЕННАЯ КУЛЬТУРА В РОССИИ
- 러시아의 무비자와 거주등록(Без ви́зы и регистра́ции)

러시아와 한국은 2014년 1월1일부터 관광이나, 단순 방문(근로, 유학, 거주, 취재, 공연 등을 위한 입국은 제외)에 한해 무비자 입국을 할 수 있다. 최초 입국일로부터 180일 이내 최대 90일(1회 최장 60일)을 체류할 수 있다. 이것이 무슨 말인가? 간단하다. 무비자로 처음 러시아에 가면 60일(2달)은 아무 문제없이 계속 머물 수 있다. 그러나 일이 생겨 더 체류해야 한다면 180일 이내에 다른 나라에 갔다 오면 된다. 그러면 최대 30일까지 더 머물 수 있다. 그러니까 출국 기록이 있어야 한다는 것이다.

1회 체류기간 최대 60일, 180일 내 최대 체류기간은 90일(단 출입국 기록 필요)
※ 60일 체류 후 출국, 90일 이내에 다시 입국하였다면 30일만 추가 체류 가능
※ 60일 체류 후 출국, 120일 이후 다시 입국하였다면 새롭게 60일간 체류 가능
(최초입국일로부터 180일 경과했으므로)

〈거주지 등록 신청과 기간〉

러시아에 입국하면 7일(근무일기준) 이상 머물 경우 외국인들은 레기스뜨라찌야(регистрáция)라는 거주지 등록을 해야 한다. 그리고 이미 거주등록을 한 사람도 거주지를 이동할 경우(출장, 여행 등) 7일 이내에 새로운 거주등록을 해야 하는데 이것은 묵고 있는 숙소(호텔)에서 숙소 도착일로부터 1일 이내 거주등록을 신청하면 무료로 거주등록을 해준다. 그러나 호스텔의 경우 거주지 등록 서비스를 하지 않는 곳도 있으니 사전에 홈페이지나 전화 등으로 확인해야 한다. 만약 러시아에 살고 있는 지인의 집에 머무를 경우 거주등록은 한인 대행업체가 유료(50달러 정도, 2014년 8월 기준)로 대행해 준다. 임시체류 외국인의 거주등록신고는 초청자 또는 체류장소 제공자가 담당하는 것이 일반적인 통례이다.

본인이 직접 거주등록을 할 경우에는 우체국이나 지방이민국(УФМС)에서 한다. 준비서류는 거주등록 신청서, 여권 및 비자 사본, 출입국신고서 사본이 필요하다. 개별적으로 신고할 때는 집주인의 러시아 국내 여권도 필요하니 준비하자.

또한 외출할 때는 반드시 여권, 출입국신고서와 함께 거주지 등록증을 가지고 다녀야 한다. 만약 거주등록을 하지 않은 채 돌아다니다 경찰에 적발되면 벌금뿐만 아니라 추후 입국금지 조치가 내려질 수도 있다.

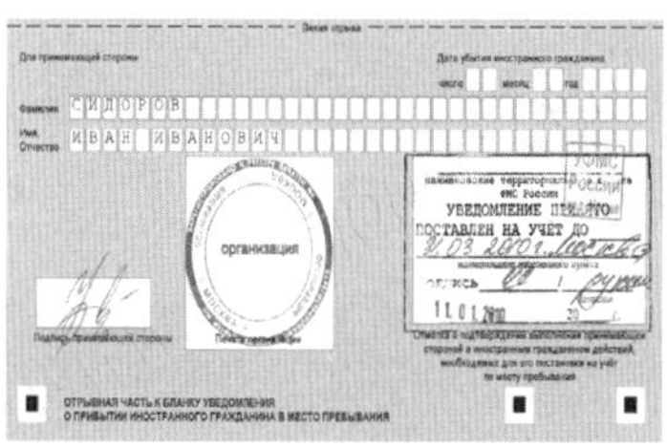

〈거주등록증〉

〈비자[5]〉

5 https://yandex.ru/images/регистрация, визы

제4장 Э́то дом. Он там. Э́то шко́ла. Она́ здесь. Э́то я́блоко. Оно́ тут.

ТЕМА 명사의 성과 대명사 사용하기

Э́то дом. Он там.	이것은 집이다. 그것은 저기에 있다.
Э́то шко́ла. Она́ здесь.	이것은 학교다. 그것은 여기에 있다.
Э́то я́блоко. Оно́ тут.	이것은 사과다. 그것은 여기에 있다.

ГРАММАТИКА

1. 명사의 성

러시아어의 모든 명사들은 성, 수, 격을 지니고 있는데, 먼저 성에 대해서 알아보자. 명사는 남성, 여성, 중성명사로 구분되는데, 이러한 구분은 단어가 어떤 철자로 끝나는 지에 달려 있다. 남성명사는 '-자음, -й, -ь'으로 끝나고, 여성명사는 '-а, -я, -ь'으로, 중성명사는 '-о, -е, -мя'로 끝난다.

성	남성(он)	여성(она́)	중성(оно́)
어미	-자음, -й, -ь	-а, -я, -ь	-о, -е, -мя
활동체	студе́нт, оте́ц, преподава́тель, писа́тель	студе́нтка, преподава́тельница, ня́ня, дочь, мать	없음

불활동체	стол, дом, сад, парк, ве́чер, магази́н, шкаф, каранда́ш, музе́й, чай, слова́рь, день	ко́мната, кни́га, река́, дере́вня, фами́лия, ночь, тетра́дь, дверь, жизнь	сло́во, место́, у́тро, я́блоко, по́ле, письмо́, мо́ре, упражне́ние и́мя, вре́мя,

중성형 가운데 -мя로 끝나는 단어는 사어나 고어가 되어버린 경우가 많아 현재 존재하는 단어의 수는 매우 적다. -ь로 끝나는 단어는 учи́тель(男), мо́лодость(女)처럼 성의 구별이 쉽게 되는 경우도 있지만, 대부분은 이러한 구별이 쉽지 않으므로 해당 단어를 사전에서 찾아보면서 일일이 단어의 성을 확인하고 기억해야 한다. 그리고 치찰음 ж, ш, щ, ч 다음에 ь이 나오면 여성명사임도 기억해 두자.

아래 문장을 통해 성의 일치법을 익혀보자.

Ива́н – э́то он.	이반 – 이 사람이 그입니다.
Друг – э́то он.	친구 – 이 사람이 그입니다.
Ма́ша – э́то она́.	마샤 – 이 사람이 그녀입니다.
Ма́ма – э́то она́.	엄마 – 이 분이 그녀입니다.
Э́то дом. Он там.	이것은 집입니다. 그것은 저기에 있습니다.
Э́то шко́ла. Она́ тут.	이것은 학교입니다. 그것은 여기에 있습니다.
Э́то я́блоко. Оно́ здесь.	이것은 사과입니다. 그것은 여기에 있습니다.

2. 그 밖의 명사의 성

명사 де́душка(할아버지), па́па(아빠), дя́дя(삼촌, 아저씨), ю́ноша(청년) 등은 여성명사의 어미를 지니고 있지만 단어가 지칭하는 생물학적 성을 따라 남성으로 분류된다. 이들은 여성명사처럼 격변화 하지만 수식어나 지칭어는 남성으로 일치해야 한다. 이 단어들은 남성이므로 아래 문장처럼 'он'으로 받아야 한다.

Где де́душка? 할아버지 어디 계셔?
Он там. 그(할아버지)는 저기에 계세요.

남녀 모두 사용 가능한 애칭의 경우, 예를 들어, Са́ша는 Алекса́ндр (он)와 Алекса́ндра(она)를 모두 의미할 수 있다. 그러므로 성의 일치에서는 실제 고유의 성을 따라야 한다.

	Са́ша	Же́ня
남성	Алекса́ндр	Евге́ний
여성	Алекса́ндра	Евге́ния

Где Са́ша? 사샤는 어디 있니?
Он там. Она́ там. 그는 저기에 있어요. 그녀는 저기에 있어요.

직업을 나타내는 단어 'врач, профе́ссор, до́ктор, инжене́р, юри́ст' 등은 남성과 여성에서 모두 사용 가능하다.

Кто врач? 누가 의사예요?
Он врач. Она́ врач. 그가 의사예요. 그녀가 의사예요.

다음 문장들을 읽고 해석하면서 명사의 성을 활용한 문장을 만들어보자.

Где до́ктор? Он там.	의사는 어디에 있습니까? 그는 저기에 있습니다.
Ко́мната хорошо́? Да, э́то о́чень хорошо́. Где она́? Ко́мната там.	방은 좋은가요? 네, 이것은 매우 좋습니다. 그것이 어디에 있나요? 방은 저기에 있습니다.

Где па́па и ма́ма? Они́ здесь? Нет, ма́ма до́ма, а па́па там.	아빠와 엄마는 어디에 계시니? 여기 계시니? 아니, 엄마는 집에, 그리고 아빠는 저기 계셔.
Где вы? Я здесь.	당신은 어디에 계십니까? 저는 여기 있습니다.
Са́ша инжене́р? Нет, он/она́ не инжене́р. Он/она́ юри́ст.	사샤는 엔지니어입니까? 아니요, 그/그녀는 엔지니어가 아닙니다. 그/그녀는 법률가입니다.
Э́то не дверь? Нет, э́то не дверь. Она́ там.	이것은 문이 아닌가요? 아니요, 이것은 문이 아닙니다. 그것은 저기에 있습니다.
Ната́ша медсестра́? Да, она́ медсестра́.	나타샤는 간호사입니까? 네, 그녀는 간호사입니다.
Где стол и стул? Вот они́.	책상과 의자는 어디에 있습니까? 그것들은 여기에 있습니다.

다음 대화문을 읽고 유사한 대화문을 만들어보자.

Ната́ша	Анто́н! Где де́душка?	안톤! 할아버지는 어디 계셔?
Анто́н	Де́душка? Он там.	할아버지? 그는 저기 계셔.
Ната́ша	А ещё.... ру́чка где?	그리고 또... 펜은 어디에 있어?
Анто́н	Вот она́.	그건 여기 있어.
Ната́ша	Спаси́бо!	고마워!
Анто́н	Пожа́луйста!	천만에!

ВЫРАЖЕНИЯ

Дава́й(те).	~ 합시다. (동의/수락/격려에 사용)
Дава́й(те), познако́мимся!	인사 나눕시다!
Я Ивано́в. Он Анто́н. Это Андре́й.	저는 이바노프입니다. 그는 안톤입니다. 이 사람은 안드레이입니다

Óчень прия́тно.	매우 기쁘군요. 매우 즐겁네요.
(Я) ра́д(а) вас ви́деть!	만나서 반갑습니다.
Ла́дно.	좋아요. 괜찮아요.

СЛОВАРЬ

ве́чер 저녁	у́тро 아침
музе́й 박물관	я́блоко 사과
слова́рь 사전 男	по́ле 들판
писа́тель 작가 男	мо́ре 바다
день 일, 낮 男	и́мя 이름 中
фами́лия 성 (姓氏), 가문	вре́мя 시간 中
дере́вня 마을, 시골	дя́дя 삼촌, 아저씨
семья́ 가족	де́душка 할아버지
маши́на 자동차	ю́ноша 청년
сын 아들	ба́бушка 할머니
ночь 밤 女	банк 은행
дочь 딸 女	письмо́ 편지
тетра́дь 공책 女	фо́то 사진
две́рь 문 女	ня́ня 유모
река́ 강	сад 정원
дере́вня 시골, 마을	шкаф 장롱
упражне́ние 연습문제	до́ктор 박사, 닥터
ла́дно 좋다	инжене́р 기술자, 엔지니어
ви́деть 보이다	юри́ст 법률가
познако́мимся (우리)인사를 나누다	рад(а, ы) 기쁘다
	каранда́ш 연필

УПРАЖНЕНИЯ 다음을 러시아어로 쓰고 말하시오.

① 저기에 바다가 있습니다. 그것은 매우 좋습니다.

② 이분은 할아버지십니다. 그는 교수님이십니다.

---

③ 안나는 간호사입니다. 어디에 그녀가 있습니까?

---

④ 어디에 물이 있습니까? 이것은 물이 아닙니다. 물은 바로 여기에 있습니다.

---

⑤ 바로 이것이 방입니다. 여기에는 책상과 의자, 그리고 장롱이 있습니다.

---

⑥ 여기에 사진이 있습니까? 아니요, 이것은 사진이 아닙니다.

---

⑦ 사과는 어디에 있습니까? 그것은 저기에 있습니다.

---

⑧ 이것은 학교가 아닙니까? 네, 이것은 학교가 아닙니다. 그것은 저기에 있습니다.

---

⑨ 누가 의사입니까? 안톤이 의사입니다. 그는 여기에 있습니다.

---

⑩ 이것은 대학교입니까? 그러면 학교는 어디에 있습니까?

СОВРЕМЕННАЯ КУЛЬТУРА В РОССИИ
- 러시아의 교육제도(Образова́тельная систе́ма)

러시아의 학제는 크게 шко́ла와 университе́т(институ́т)로 나뉜다. 러시아의 шко́ла는 일련번호로 불리는데 현재 모스크바에는 Шко́ла № 1 ~ Шко́ла № 2066까지 있다. 러시아의 교육제도를 좀 더 자세히 살펴보면 아래와 같다.

де́тский сад	유치원(3년)
шко́ла	초, 중, 고등학교(11년)
ко́лледж	전문학교
те́хникум	실업, 직업학교
учи́лище	특수목적학교

* 직업전문학교는 2~3년 과정으로 шко́ла 8학년 과정을 이수한 다음에 입학 가능하다.

〈ВУЗ-고등교육기관: 대학교(4-5년)〉

университе́т	종합대학교
институ́т	단과대학교
акаде́мия	아카데미, 학술원
сту́дия	연극학교
консервато́рия	음악원

♧ 러시아의 학력평가 방식 :

5점 отли́чно (пятёрка)	수
4점 хорошо́ (четвёрка)	우
3점 удовлетвори́тельно (тро́йка)	미
2점 неудовлетвори́тельно (дво́йка)	양
1점 неудовлетвори́тельно (едини́ца)	가

* 러시아에서는 3점 이하의 점수를 받으면 재시험을 치러야 한다.

♧ 러시아의 шко́ла와 университе́т에서 사용되는 용어들

школа	университет
класс 학년/ 학급, 반/ 교실 учи́тель 남자선생님 учи́тельница 여자선생님 уро́к 수업 шко́льник 남학생 шко́льница 여학생	курс 학년 гру́ппа 반, 조 аудито́рия 강의실 профе́ссор 교수 преподава́тель 남자강사 преподава́тельница 여자강사 заня́тие 수업 ле́кция 강의 семина́р 세미나 студе́нт 남자대학생 студе́нтка 여자대학생

〈모스크바 국립 대학교 МГУ〉

〈슈꼴라(초 · 중 · 고)의 교실[6]〉

6 https://yandex.ru/images/search/ МГУ, школа

제5장 Чей э́то друг? Э́то мой друг.

ТЕМА 소유인칭대명사 사용하기

Чей э́то друг?	이 사람은 누구 친구죠?
Э́то мой друг.	이 사람은 내 친구입니다.
Чья она́ подру́га?	그녀는 누구의 친구죠?
Она́ моя́ подру́га.	그녀는 내 친구입니다.
Чьё э́то ме́сто?	이것은 누구의 자리죠?
Э́то моё.	이것은 내 자리입니다.

ГРАММАТИКА

1. 소유의문대명사

소유의 관계를 묻는 의문사 'чей/чья/чьё/чьи(누구의)'는 아래와 같이 함께 나오는 명사의 성, 수, 격에 일치한다. 여기에서는 기본인 단수 주격의 형태로 사용되고 있다.

남성	여성	중성
Чей Чей э́то дом? 이것은 누구의 집입니까?	Чья Чья э́то кварти́ра? 이것은 누구의 아파트입니까?	Чьё Чьё э́то ме́сто? 이것은 누구의 자리입니까?

2. 소유인칭대명사

소유인칭대명사는 'чей'로 물어보는 문장에 답할 때 사용되며, 함께 나오는 명사의 성, 수, 격에 일치한다. 아래 형태는 단수 주격의 형태이다.

Кто?	Чей?	Чья?	Чьё?
Я	мой	моя́	моё
Ты	твой	твоя́	твоё
Он	его́		
Она́	её		
Мы	наш	на́ша	на́ше
Вы	ваш	ва́ша	ва́ше
Они́	их		

3인칭 소유인칭대명사 'его, её, их'는 관계하는 명사의 성과 수에 관계없이 형태가 동일하다. 이들은 수식하는 명사의 성, 수와 관계없이 소유자의 성과 수에 일치시키며 격변화는 하지 않는다.

его́ сын 그의 아들	его́ газе́та 그의 신문	его́ окно́ 그의 창문
её дом 그녀의 집	её дочь 그녀의 딸	её ме́сто 그녀의 자리
их слова́рь 그들의 사전	их страна́ 그들의 나라	их письмо́ 그들의 편지

다음 예문을 통해 소유인칭대명사와 명사와의 일치관계를 익혀보자.

Сад. 정원. Мой сад. 나의 정원. Э́то мой сад. 이것은 나의 정원이다.	Сын. 아들. Мой сын. 나의 아들. Э́то мой сын. 이 사람은 나의 아들이다.

Кни́га. 책. Моя́ кни́га. 나의 책. Э́то моя́ кни́га. 이것은 나의 책이다.	Ба́бушка. 할머니. Моя́ ба́бушка. 나의 할머니. Э́то моя́ ба́бушка. 이 분은 나의 할머니이시다.
Я́блоко. 사과. Моё я́блоко. 나의 사과. Э́то моё я́блоко. 이것은 나의 사과다.	Ме́сто. 자리. Моё ме́сто. 나의 자리. Э́то моё ме́сто. 이것은 내 자리다.

Чей э́то сад?	이것은 누구의 정원인가?
Э́то мой сад.	이것은 나의 정원이다.
Чья э́то кни́га?	이것은 누구의 책인가?
Э́то моя́ кни́га.	이것은 나의 책이다.
Чьё это я́блоко?	이것은 누구의 사과인가?
Э́то моё я́блоко.	이것은 나의 사과이다.

다음 문장들을 읽고 해석하면서 소유인칭대명사 사용법을 익혀보자.

Э́то я. Э́то мой учё́бник. Э́то моя́ ру́чка. Э́то моё ме́сто.

Э́то ты. Э́то твой учё́бник. Э́то твоя́ ру́чка. Э́то твоё ме́сто.

Э́то мы. Э́то наш го́род. Э́то на́ша страна́. Э́то на́ше фо́то.

Это вы. Э́то ваш банк. Э́то ва́ша фи́рма. Э́то ва́ше фо́то.

Э́то он. Э́то его́ учё́бник, его́ ру́чка, его́ ме́сто.

Э́то она́. Э́то её учё́бник, её ру́чка, её ме́сто.

Э́то они́. Э́то их сад, их дере́вня, их по́ле.

Где твоя́ маши́на? Моя́ маши́на там.

Э́то не моя́ маши́на. Э́то его маши́на.

Чьё э́то ме́сто? Э́то твоё? Нет, э́то ва́ше ме́сто. Пожа́луйста.

Кто ва́ша де́вушка? А́нна моя́ де́вушка. Она́ здесь.

Где наш слова́рь? Вот он. Спаси́бо.

Са́ша! Где ты? Я здесь.

Э́то на́ша ко́мната. Э́то о́чень хорошо́.

Коре́я — э́то моя́(на́ша) страна́, а Росси́я ва́ша.

Где их кварти́ра? Вот она́.

Они́ до́ма? Да, они́ там.

Как твоя́ ко́мната? Она о́чень хорошо́.

다음 대화문을 살펴본 후 유사한 대화문을 만들어보자.

Ната́ша	Анто́н! Где твоя́ де́вушка? 안톤! 어디에 네 여자 친구가 있니?
Анто́н	Она́ там. Э́то её су́мка. 그녀는 저기에 있어. 이것은 그녀의 (손)가방이야.
Ната́ша	Кто она́? Она́ студе́нтка? 그녀는 누구니? 그녀는 여대생이니?
Анто́н	Да, она́ моя́ студе́нтка. 응, 그녀는 나의 여대생이야.

ВЫРАЖЕНИЯ

До́брое у́тро.	좋은 아침입니다.
До́брый день.	좋은 점심입니다.
До́брый ве́чер.	좋은 저녁입니다.
Споко́йной но́чи.	안녕히 주무세요.

СЛОВАРЬ

ме́сто 장소	страна́ 나라, 국가
мой, моя́, моё 나의	Москва́ 모스크바
твой, твоя́, твоё 너의	Сеу́л 서울
наш, на́ша, на́ше 우리의	кварти́ра 아파트

ваш, ва́ша, ва́ше 당신의, 너희들의, 당신들의 ру́чка 펜 Росси́я 러시아 Коре́я 한국 Кита́й 중국 Япо́ния 일본 США(Аме́рика) 미국 Фра́нция 프랑스 Герма́ния 독일	учё́бник 교과서(교재) де́вушка 아가씨 споко́йный 편안한 до́брый 좋은, 선한 ба́бушка 할머니 банк 은행 фи́рма 회사 по́ле 들판 маши́на 자동차 су́мка 가방

УПРАЖНЕНИЯ 다음을 러시아어로 쓰고 말하시오.

① 이것은 당신의 자리가 아닙니다. 당신의 자리는 어디에 있습니까?

② 모스크바 — 이것은 당신의 도시이고, 서울 — 이것은 나의 도시입니다.

③ 인사를 나눕시다. 저는 이바노프이고, 이분은 저의 누나입니다. 매우 반갑습니다.

④ 이것은 누구의 방입니까? 어디에 당신의 방이 있습니까?

⑤ 좋은 아침이야. 이분은 누구니? 그녀는 어때?

⑥ 이것은 대학교가 아니야. 이것은 박물관이야.

⑦ 어디에 바다가 있습니까? 바다는 저기에 있습니다.

⑧ 안톤은 누구의 할아버지이십니까? 그는 저의 할아버지이십니다.

⑨ 이것은 누구의 사전입니까? 이것은 그녀의 사전입니다.

⑩ 이것은 나의 가족입니다. 이분이 저의 아빠이십니다. 그는 교수님이십니다.

СОВРЕМЕННАЯ КУЛЬТУРА В РОССИИ - 러시아에서 고속공항철도 이용하기

(Аэропо́рт-Экспре́сс/Аэроэкспре́сс)

과거 모스크바 공항(세레메쩨보)에 도착해서 도심지로 이동하려면 거금을 들여 택시를 타거나 공항버스를 탄 다음 다시 일반버스나 지하철을 이용해야 했다. 그런데 모스크바 중심가는 서울처럼 도로정체가 심하다. 특히 세레메쩨보 공항에서 도심으로 들어오는 길은 평일 낮에도 매우 극심한 정체를 보이는 구간이다. 2013년부터 공항과 도심을 잇는 공항철도가 상용화되어 공항이용이 매우 빠르고 편해졌다. 공항고속철도는 모두 3개 노선(세레메쩨보, 도모제도바, 부누꼬바)이 있다. 여기에서는 한국에서 모스크바로 갈 때 도착하는 세레메쩨보공항에서 벨라루스까야 역까지 가는 방법을 살펴보자.

세레메쩨보 공항 ⇔ 벨라루스까야 역 노선

(Аэроэкспре́сс в Шереме́тьево - Белору́сский вокза́л).

이 노선은 국제선 이용객들이 주로 이용하는 노선으로 지하철과 기차역이 모두 있는 곳이다. 매일 오전 5시부터 다음날 새벽 1시까지 30분 간격으로 운행되며 목적지까지 무정차로 35분 정도 소요된다. 티켓은 무인 발매기나 매표소에서 구입할 수 있고, 가격은 일반 편도 470 루블, 모바일 앱 «Аэроэкспрéсс»를 이용하면 420루블에 구매할 수 있다. 이때 지불 방법은 현금뿐만 아니라 비자나 마스터 카드 등으로도 구입이 가능하다. 좌석은 비즈니스석과 일반석으로 나뉘어 있고 티켓 종류에 따라 가격은 다양하게 구성되어 있다.

〈티켓 종류〉

비즈니스 클래스 - 편도 1000루블로 좌석과 시간이 지정되어 있다.

일반 - 편도 470루블, 앱 구매 420루블로 티켓에는 이용 가능한 날짜만 명시되어 있어 편한 시간에 빈 좌석에 앉으면 된다.

아동 - 5-7세 아동 편도는 130루블로 날짜만 명시되어 있다. 5세 미만의 아동은 무료이다.

패밀리 티켓 - 18세 이상 성인 2명과 12세 미만 아동 3명까지 810루블로 날짜만 명시되어 있다.

복수 이용 티켓(10회 이용권) - 3500루블이며 구입일로부터 30일간 이용 가능하다.

복수 이용 티켓(50회 이용권) - 9000루블이며 최초 사용일로부터 30일, 구입일로부터 90일 동안 사용할 수 있다. (2015. 7월 기준)

세레메쩨보 공항 ⇔ 벨라루스까야 역 노선 공항 고속철도 시간표는 사이트 http://www.aeroexpress.ru/에서 찾아볼 수 있다

〈공항에서 도심으로 가는 노선〉

〈공항으로 들어가는 출구〉

〈열차외관〉

〈열차 내부: 일반석〉

〈벨로루스까야 기차역〉

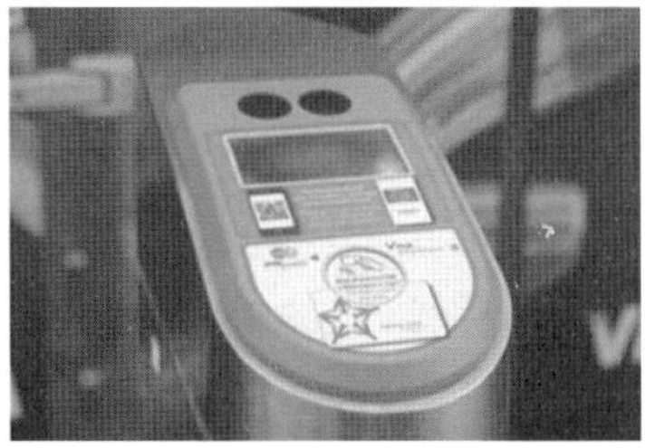

〈티켓 자동 검표대〉

〈열차표 자동판매기(카드, 현금 사용가능)〉

〈매표소에서 열차표 구매[7]〉

7 http://yandex.ru/images/Аэроэкспресс

제6장 Э́то мой хоро́ший друг.

ТЕМА 형용사와 의문형용사 변화

Э́то мой хоро́ший друг. 이 사람은 나의 좋은 친구이다.
Э́то моя́ хоро́шая подру́га. 이 사람은 나의 좋은 여자 친구이다.
Э́то моё хоро́шее ме́сто. 이것은 나의 좋은 자리다.

ГРАММАТИКА

1. 형용사

형용사는 주로 명사를 수식하며, '어떤 집, 어떤 사람...'에서 <어떤>에 해당하는 부분이다. 형용사는 자신이 수식하는 명사의 성, 수, 격에 일치한다. 형용사의 변화는 경변화와 연변화에 따라 그 형태가 달라지는데, 남성 주격 어미는 -ый(-о́й)/-ий, 여성 주격 어미는 -ая/-яя, 중성 주격 어미는 -ое/-ее, 복수 주격 어미는 -ые/-ие이다. 여기서 전자는 경변화 어미, 후자는 연변화 어미이다.

(1) 형용사 변화

형용사도 명사처럼 성, 수, 격에 따라서 변화한다. 이러한 변화를 이끄는 것은 역시 자신이 수식하는 명사이다. 여기에서는 먼저 단수 주격 형용사 어미를 살펴보는데, 경변화 일 때 형용사의 단수 주격 남성, 여성, 중성 어미는 각각 -ый, -ая, -ое이고, 연변화 일 때는 각각 -ий, -яя, -ее이다. 여기서 경변화 형용사란 но́вый, молодо́й 등과 같이 경자음 어간으로 끝난 형용사를 말하고 연변화 형용사는 си́ний, зи́мний 등과 같이 연자음 어간으로 끝난 형용사를 뜻한다. 만약 강세가 어미에 오게 되면 -ый가 아니라 -óй가 된다. 예를 들면, дорогóй(소중한), голубóй(하늘색의), большóй(큰), молодóй(젊은) 등이 그렇다.

형용사 변화는 원래 단순하나 처음 배울 때는 적잖이 혼동하기 쉬우니 다음의 정자법에 따른 예외를 잘 기억하도록 하자. 형용사 어간이 자음 'г, к, х'로 끝나면 정자법 규칙에 따라서 -ы가 올 수 없으므로 -и를 사용한다. 예를 들면, стро́гий(엄한) ма́ленький(어린), ти́хий (조용한)가 그렇다. 이런 단어들은 경변화 형용사인데, 단지 정자법에 따라서 г-ий, к-ий, х-ий가 나타날 뿐이다.

(2) 경변화 형용사

남성	여성	중성	복수
но́вый молодо́й коре́йский ру́сский	но́вая молода́я коре́йская ру́сская	но́вое молодо́е коре́йское ру́сское	но́вые молоды́е коре́йские ру́сские

형용사 어간의 자음이 'ж, ч, ш, щ'로 끝날 경우 연변화 방식으로 변화해야 되지만 이 역시 정자법 규칙에 의해서 -я/-ю가 올 수 없으므로 -а/-у를 사용한다. све́жая, хоро́шая 등이 이에 해당한다. 그러나 большо́й의 경우엔 강세가 -о́й에 있으므로 -е가 -о로 된다.

(3) 연변화 형용사

남성	여성	중성	복수
си́ний ни́жний хоро́ший большо́й	си́няя ни́жняя хоро́шая больша́я	си́нее ни́жнее хоро́шее большо́е	си́ние ни́жние хоро́шие больши́е

정리하자면, 형용사변화에는 경변화(нóвый)와 연변화(сúний), 그리고 정자법 규칙에 의해서 경변화와 연변화의 혼합처럼 보이는 혼합형 형용사(рýсский, хорóший)가 있다. 또한 молодóй, большóй 등과 같이 어미 강세를 지닌 형용사가 있지만, 이들은 원래 경변화 또는 연변화에 속하는 형용사들이다.

아래 예문들을 형용사와 명사의 일치에 주의하면서 읽어보자

Нóвый дом	새 집
Нóвая машúна	새 차
Нóвое слóво	새로운 단어
Красúвый гóрод	아름다운 도시
Красúвая рекá	아름다운 강
Красúвое дéрево	아름다운 나무
Мáленький парк	작은 공원
Мáленькая квартúра	작은 아파트
Мáленькое письмó	작은 편지
Хорóший день	좋은 날
Хорóшая погóда	좋은 날씨
Хорóшее мéсто	좋은 장소
Плохóй день	나쁜 날
Плохáя погóда	나쁜 날씨
Плохóе мéсто	나쁜 장소
Э́то большóй гóрод.	이것은 큰 도시(대도시)입니다.
А́нна моя́ хорóшая дéвушка.	안나는 나의 좋은 여자 친구입니다.
Он мой нóвый друг.	그는 나의 새로운 친구입니다.
Э́то большóе я́блоко.	이것은 큰 사과입니다.
Он молодóй человéк.	그는 젊은 사람입니다.

2. 의문 형용사 Како́й

문장을 다채롭게 확장할 때 우리는 형용사를 사용한다. 의문 형용사 како́й는 어떤 대상에 대한 구체적인 특징, 성격, 속성을 알고 싶을 때 사용하며, 뒤에 오는 명사의 성, 수, 격에 일치시켜야 한다. 이에 대한 대답은 보통 형용사적인 표현으로 대답하며 사용법은 아래와 같다.

남성	여성	중성	복수
Како́й? Како́й дом? Э́то си́ний дом.	Кака́я? Кака́я кварти́ра? Э́то си́няя кварти́ра.	Како́е? Како́е окно́? Э́то си́нее окно́.	Каки́е? Каки́е су́мки? Э́то си́ние су́мки.

3. 색채 형용사

의문사 Какой?에 대한 대답으로 색채 형용사를 사용하는 경우가 많으니 아래의 표현들을 기억하자.

кра́сный 붉은	кра́сный шарф 빨간 스카프
зелёный 녹색의	зелёная трава́ 녹색 풀
си́ний 파란	си́ний костю́м 파란 정장
голубо́й 하늘색의	голуба́я ю́бка 하늘색 치마
бе́лый 흰	бе́лая руба́шка 흰 셔츠
чёрный 검은	жёлтое пла́тье 노란 원피스
жёлтый 노란, 황색의	чёрные брю́ки 검은 바지
се́рый 회색의	се́рая ко́шка 회색 고양이
кори́чневый 갈색의	кори́чневый стол 갈색 책상

다음 문장들을 읽고 해석하면서 형용사 사용법을 익혀보자.

Э́то стадио́н. Како́й э́то стадио́н? Э́то большо́й стадио́н.	이것은 경기장이다. 이것은 어떤 경기장인가? 이것은 큰 경기장이다.
Э́то библиоте́ка. Кака́я э́то библиоте́ка? Э́то ма́ленькая библиоте́ка.	이것은 도서관이다. 이것은 어떤 도서관인가? 이것은 작은 도서관이다.
Э́то зда́ние. Како́е э́то зда́ние? Э́то краси́вое и хоро́шее зда́ние.	이것은 건물이다. 이것은 어떤 건물인가? 이것은 아름답고 좋은 건물이다.
Где Большо́й Теа́тр? Большо́й Теа́тр там.	볼쇼이 극장이 어디에 있습니까? 볼쇼이 극장은 저기에 있습니다.
Ната́ша моя́ до́брая и краси́вая де́вушка.	나타샤는 착하고 아름다운 나의 여자이다.
Э́то кра́сное вино́. Это о́чень хоро́шее и дорого́е вино́.	이것은 적포도주이다. 이것은 아주 좋고 비싼 포도주이다.
Где бе́лое вино́? Оно́ здесь. Но о́чень дорого́е.	백포도주는 어디에 있습니까? 그것은 여기에 있습니다. 그러나 매우 비쌉니다.
Ва́ша семья́ больша́я? Нет, моя́ семья́ не больша́я.	당신의 가족은 대가족입니까? 아니요, 나의 가족은 대가족이 아닙니다.
Он мой но́вый врач. Э́то его́ ме́сто.	그는 나의 새 의사이다. 여기는 그의 자리이다.
Сеу́л – это наш краси́вый го́род.	서울 – 이것은 우리의 아름다운 도시이다.
Как ваш но́вый уче́бник? Э́то хоро́ший уче́бник? Нет, э́то не о́чень.	당신의 새 교재는 어떻습니까? 이것이 좋은 교재입니까? 아니요, 이것은 그리 좋지 않아요.

ВЫРАЖЕНИЯ

Кака́я хоро́шая пого́да!	얼마나 좋은 날씨인가!
Сего́дня кака́я прекра́сная пого́да!	오늘 정말 멋진 날씨군요!
Кака́я пого́да за́втра?	내일은 날씨가 어떨까요?
Како́е си́нее мо́ре!	정말 푸른 바다군요!
Како́й вкусный хлеб!	정말 맛있는 빵이군요!
Прия́тного аппети́та.	맛있게 드세요.

ИК-5 감탄문 억양 : 감탄문을 표현할 때는 리듬감 있게 표현한다.

СЛОВАРЬ

како́й 어떤	де́рево 나무
но́вый 새로운	пого́да 날씨
све́жий 신선한	пло́щадь 광장 女
ста́рый 오래된, 늙은	стадио́н 경기장
молодо́й 젊은	такси́ 택시
краси́вый 아름다운	тролле́йбус 트롤리버스
большо́й 큰	трамва́й 트램
ма́ленький 작은, 어린	маршру́тка 미니버스
хоро́ший 좋은	самолёт 비행기
плохо́й 나쁜	по́езд 기차
коре́йский 한국의	ло́дка 보트
ру́сский 러시아의	кора́бль 선박 男
дорого́й 비싼, 소중한	челове́к 사람
дешёвый 싼, 저렴한	библиоте́ка 도서관
кра́сный 붉은	зда́ние 건물
чёрный 검은	теа́тр 극장
бе́лый 흰	метро́ 지하철
си́ний 파란	ни́жний 아래의

жёлтый 노란, 황색의	брю́ки 바지
кори́чневый 갈색의	руба́шка 셔츠
се́рый 회색의	пла́тье 옷
голубо́й 하늘색의	трава́ 풀
ко́шка 고양이	костю́м 양복, 정장
шарф 목도리, 숄	ю́бка 치마
вино́ 포도주	сего́дня 오늘
высо́кий 높은	хлеб 빵
интере́сный 재미있는	аппети́т 식욕
кино́ 영화	зи́мний 겨울의
за́втра 내일	стро́гий 엄한
мо́ре 바다	ти́хий 조용한

УПРАЖНЕНИЯ 1 다음을 러시아어로 쓰고 말하시오.

① 안나는 어떤 언니입니까? 그녀는 나의 예쁘고 소중한 언니입니다.

② 저희 회사는 여기에 있습니다. 이것은 매우 좋은 회사입니다.

③ 바로 이것이 우리의 새로운 대학교입니다.

④ 이것은 나의 오래된 사진입니다.

⑤ 어디에 그들의 오래된 학교가 있습니까?

⑥ 그녀는 나의 새로운 여인입니다. 그녀는 아름답습니다.

⑦ 이것은 값싼 맥주입니다. 그러나 좋은 맥주입니다.

⑧ 누가 당신의 새로운 강사선생님이십니까?

____

⑨ 어디에 흰 건물이 있습니까? 그것은 저기에 있습니다. 감사합니다.

____

⑩ 오늘 우리의 새로운 수업이 있습니다. 이것은 재미있는 수업입니다.

____

Упражнения 2 다음 형용사들의 여성형, 중성형, 복수형을 각각 만들어 보자.

но́вый	краси́вый
ста́рый	коре́йский
большо́й	кра́сный
мале́нький	ру́сский
хоро́ший	чёрный
плохо́й	бе́лый
дорого́й	си́ний
дешёвый	высо́кий
молодо́й	интере́сный

Упражнения 3 다음 단어들을 형용사형 남성, 여성, 중성으로 바꿔보시오.

норма́льно	괜찮다
прекра́сно	훌륭하다
отли́чно	뛰어나다
вку́сно	맛있다

СОВРЕМЕННАЯ КУЛЬТУРА В РОССИИ
- 러시아에서 대중교통수단 이용하기(Маршру́тка)

〈마을버스 마르쉬루뜨까 1〉

〈마을버스 마르쉬루뜨까 2〉

러시아의 독특한 대중교통 수단인 маршру́тка는 우리나라의 마을버스와 유사하다. 지정 정류장에 서 있다가 손님이 채워지면 운행하는 것이 보통이다. 교통비는 구간별로 차이가 있는데 대중교통 통합권으로는 이용할 수 없고 운전기사에게 직접 차비를 지불해야 한다. 비용은 일반 대중교통보다 1-2루블 정도 비싼 편이지만 승하차 노선이 짧아 빠르고, 원하는 곳에 세워주기도 하여 매우 편리하다.

그 외 대중교통 수단에는 버스(авто́бус), 지하철(метро́), 택시(такси́), 트롤리버스(тролле́йбус), 트램(трамва́й) 등이 있다. 매표소에서 티켓을 구매할 경우 1회 탑승 비용은 40루블이나 운전기사에게 바로 구매할 경우 50루블에 사야하므로 탑승 전 미리 티켓을 구매하는 것이 좋다. 대중교통 비용은 모두 동일하므로 통합권(Еди́ный биле́т)을 구매하여 사용하는 것이 더 편리하고 경제적이다.

〈트롤리버스〉

〈버스〉

〈지하철 에스컬레이터〉

〈트램〉

〈지하철〉

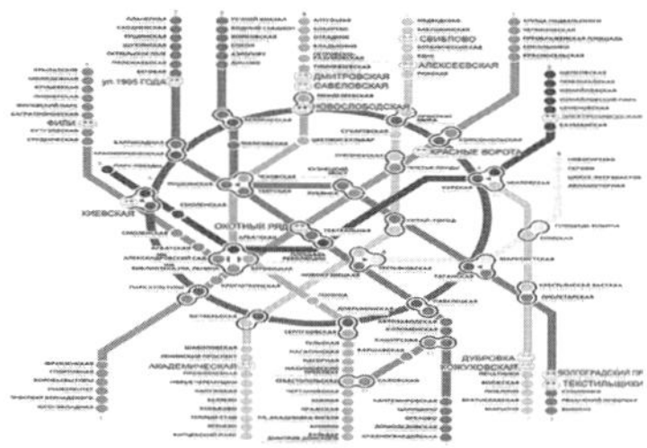

〈모스크바지하철 노선표〉

〈대중교통 통합권[8]〉

8 http://yandex.ru/images/маршртка, автобус, метро, такси, троллейбус, трамвай, единый билет

제7장 Они́ мои́ хоро́шие друзья́.

ТЕМА 명사의 복수형 사용하기

Чьи они́ друзья́? 그들은 누구의 친구들입니까?
Они́ мои́ друзья́. 그들은 나의 친구들입니다.
Каки́е они́ друзья́? 그들은 어떤 친구들입니까?
Они́ хоро́шие друзья́. 그들은 좋은 친구들입니다.

ГРАММАТИКА

1. 명사의 수

러시아어 명사는 단수와 복수의 구별이 있으며, 이들은 각기 다른 형태를 취한다. 한국어에서는 복수표지로 명사에 '~들'을 붙이지만 러시아어는 단어의 어미를 변화시켜 표시한다.

(1) 남성명사의 복수 주격

남성명사의 복수 주격형 어미는 '-ы/-и'이다. 단어가 경자음으로 끝나면 -ы를, 연자음으로 끝나면 -и를 첨가한다. 단어가 'г, к, х, ж, ч, ш, щ'로 끝날 경우에도 -и를 첨가하는데, 이것은 정자법 규칙에 의한 현상이다. 또한 불규칙형으로 강세를 지닌 -á/-я́를 복수형 어미로 취하는 예외적인 경우도 있다.

단수 주격어미	단수 주격	복수 주격어미	복수 주격
경자음	студе́нт, магази́н	-ы	студе́нты, магази́ны
г, к, х, ж, ч, ш, щ	парк, стих, эта́ж, ключ, каранда́ш, това́рищ	-и	па́рки, стихи́, этажи́, ключи́, карандаши́, това́рищи
-й	музе́й, геро́й	-и	музе́и, геро́и
-ь	слова́рь, писа́тель	-и	словари́, писа́тели
예외	го́род, дом, а́дрес, по́езд, профе́ссор	-а́	города́, дома́, адреса́, поезда́, профессора́
	друг, брат, стул, сын, челове́к, ребёнок	-ья	друзья́, бра́тья, сту́лья, сыновья́, лю́ди, де́ти

(2) 여성명사의 복수 형태

여성명사의 복수형 어미는 '-ы/-и'이다. 단어가 а로 끝나면 –ы를, 연모음 -я, -ь으로 끝나면 -и를 취한다. 여성명사의 마지막 자음이 'г, к, х, ж, ч, ш, щ'이면 역시 정자법 규칙에 의해서 –ы가 올 수 없고 –и가 나타나게 된다. 명사 дочь와 мать는 예외적으로 -ери를 취하니 주의해야 한다.

단수주격어미	단수주격	복수주격어미	복수주격
-а	пробле́ма, шко́ла	-ы	пробле́мы, шко́лы
-га, -ка, -ха, -жа, -ча, -ша, -ща	подру́га, ру́чка	-и	подру́ги, ру́чки
-я	земля́, неде́ля	-и	зе́мли, неде́ли
-ь	тетра́дь, но́вость	-и	тетра́ди но́вости

예외	дочь мать	-ери	до́чери ма́тери

(3) 중성명사 복수형태

중성명사의 복수 주격 어미는 '-a, -я' 이다. 단어가 -o로 끝나면 어간에 'a'를, -e로 끝나면 어간에 '-я'를 덧붙인다. -мя로 끝나는 단어는 -мя를 -мена로 교체한다.

단수주격어미	단수주격	복수주격어미	복수주격
-o	письмó, мéсто	-a	пи́сьма, места́
-e	мóре, пóле	-я	моря́, поля́
-мя	и́мя, врéмя	-мена	имена́, времена́
예외	дéрево, ýхо, нéбо		дерéвья, ýши, небеса́

(4) 특수 형태

명사에는 오직 단수 형태로만 사용되거나 복수 형태로만 사용되는 명사들이 있다. 단수로만 쓰이는 명사들은 주로 추상명사이고, 복수로만 쓰이는 명사들은 주로 쌍을 이루는 명사들이다.

단수로만 쓰이는 명사	복수로만 쓰이는 명사
мýзыка, литератýра, искýсство, информа́ция, любóвь, дрýжба	очки́, часы́, джи́нсы, стихи́, брю́ки, дéньги, нóжницы

2. 그 외 복수형태

(1) 소유인칭대명사의 복수

인칭대명사	소유인칭대명사			
	단수 남성	단수 여성	단수 중성	복수
Кто?	Чей?	Чья?	Чьё?	Чьи
Я	мой	моя́	моё	мои́
Ты	твой	твоя́	твоё	твои́
Он	его́			
Она́	её			
Мы	наш	на́ша	на́ше	на́ши
Вы	ваш	ва́ша	ва́ше	ва́ши
Они́	их			

(2) 의문형용사의 복수

의문형용사의 복수는 성의 구별이 없기 때문에 '-ые, -ие' 형태만 존재한다.

남성 -ый/ой/ий	여성 -ая/яя	중성 -ое/ее	복수 -ые/ие
Како́й? Како́й дом? Э́то хоро́ший дом.	**Кака́я?** Кака́я кварти́ра? Э́то хоро́шая кварти́ра.	**Како́е?** Како́е окно́? Э́то хоро́шее окно́.	**Каки́е?** Каки́е студе́нты? Э́то хоро́шие студе́нты.

다음 문장들을 읽고 해석하면서 복수형 사용법을 익혀보자.

Как ва́ши но́вые друзья́? Они́ высо́кие и краси́вые друзья́.

Где твои́ ста́рые кни́ги? Они́ там.

Э́то бы́ли больши́е де́ньги.

Как мои́ но́вые часы́? Э́то о́чень краси́вые и дороги́е часы́.

Ты моя́ любо́вь! Кака́я краси́вая моя́!

На́ши ма́тери там.

Ма́ша и А́нна хоро́шие де́ти.

Здесь мно́гие лю́ди.

Вот чёрный чай.

ВЫРАЖЕНИЯ

Ско́лько сто́ит?	얼마입니까?
Э́то до́рого.	이것은 비쌉니다.
Ско́лько сто́ит но́вый слова́рь?	새 사전은 얼마입니까?
Э́то не о́чень до́рого. Норма́льно.	이것은 매우 비싸지는 않군요. 적당해요.
Бу́дьте до́бры.	미안하지만 ~해주시겠어요?
Бу́дь(те) здоро́вы.	건강하세요.
Держи́сь.	힘내(화이팅).
Молоде́ц!	잘했어요. 훌륭해. (칭찬할 때)
Бра́во!	브라보!
Ура́!	만세!

СЛОВАРЬ

áдрес 주소	мýзыка 음악
герóй 영웅	литератýра 문학
этáж 층	искýсство 예술
ключ 열쇠	информáция 정보
товáрищ 동무	очки́ 안경
пáспорт 여권	любóвь 사랑 女
проблéма 문제	дрýжба 우정
земля́ 땅	часы́ 시계
недéля 주	стихи́ 시
нóвость 소식 女	брю́ки 바지
ребёнок 아이	дéньги 돈
дéти 아이들	здорóвый 건강한
дéрево 나무	урá 만세
ýхо 귀	нéбо 하늘
скóлько 얼마나	магази́н 상점
парк 공원	мнóгий 많은
человéк 사람	джи́нсы 청바지
лю́ди 사람들	нóжницы 가위
молодéц (칭찬시) 잘했어요. 영리한 사람	

УПРАЖНЕНИЯ 다음을 러시아어로 쓰고 말하시오.

① 여기에 큰돈이 있습니다.

② 어디에 당신의 아들들이 있습니까? 그들은 어떻습니까?

③ 안나와 나타샤는 저희 딸입니다. 그들은 좋은 대학생입니다.

④ 그녀의 자동차들이 저기에 있습니다. 이것은 새 자동차들입니다.

⑤ 어디에 러시아 박물관들이 있습니까?

⑥ 어디에 지하철이 있습니까? 이것은 새 지하철입니다.

⑦ 저기에 블랙커피와 홍차가 있습니다.

⑧ 그들은 나의 영웅입니다.

⑨ 그는 어떤 주인공입니까?

⑩ 이것은 누구의 안경입니까?

СОВРЕМЕННАЯ КУЛЬТУРА В РОССИИ
- 러시아에서 택시 이용하기(Такси́)

과거 몇 년 전만 해도 자가용 승용차가 무허가 택시 영업행위를 했었다. 길에서 지나가는 자동차를 손을 들어 세우고 행선지를 말하면 운전자가 요금을 말한다. 그러면 승객은 흥정을 해서 적당한 가격을 정한다. 대체로 운전자는 군소리 없이 목적지까지 친절히 데려다 준다. 그러나 요즘에는 택시법규가 강화되면서 무허가 택시 영업이 전면 금지되었다. 2012년부터 일반 자동차가 택시 영업을 할 경우 5000루블 정도의 벌금을 냄과 동시에 자동차는 견인된다. 그러므로 반드시 영업용 택시를 이용해야 한다. 영업용 택시를 이용하는 방법은 택시 정류장에 서있는 택시를 이용하거나 전화로 택시를 부르는데 보통 전화나 앱을 통해 부르는 편이 더 빠르고 가격도 저렴하다. 러시아 통합검색 사이트 yandex에 <Заказ такси в Москве> 앱을 활용하면 '우버 택시'처럼 가격, 차량위치, 차량 종류, 기사이름과 연락처 등이 화면에 나타나서 편리하게 이용할 수 있다.

〈콜택시 번호〉

〈영업용 택시[9]〉

9 https://yandex.ru/images/заказ такси

제8장 Я зна́ю тебя́.

ТЕМА 동사의 1식 변화

Кого́ ты зна́ешь? Я зна́ю тебя́.
너는 누구를 아니? 나는 너를 알아.

Кого́ вы зна́ли? Я знал вас.
당신은 누구를 아셨나요? 나는 당신을 알았어요.

Они́ не зна́ют его́.
그들은 그를 모른다.

ГРАММАТИКА

1. 러시아어 동사의 특징

러시아어 동사는 인칭(1/2/3인칭), 수(단수/복수), 시제(과거/현재/미래)에 따라 형태가 각각 다르다. 이러한 이유로 러시아어가 어렵다고 하지만 동사들은 대체로 규칙적으로 변화하기 때문에 수학공식처럼 그 규칙만 깨우치면 거의 모든 동사에 적용시킬 수 있어 어렵지 않게 사용할 수 있다. 사전에 등재되는 러시아어 동사의 기본형은 대부분 -ть, -тьсято 끝난다. 그러나 -ти, -чь, -сти 등으로 끝나는 동사들도 더러 있다.

зна́ть 알다 ду́мать 생각하다 рабо́тать 일하다	учи́ться 배우다 занима́ться 종사하다 сади́ться 앉다

отдыха́ть 쉬다 гуля́ть 산책하다 чита́ть 읽다 понима́ть 이해하다 за́втракать 아침 먹다 обе́дать 점심 먹다 у́жинать 저녁 먹다 объясня́ть 설명하다 говори́ть 말하다 смотре́ть 보다	идти́ 가다 вести́ 인도하다 везти́ 운송하다 нести́ 가지고 가다 брести́ 나아가다 спасти́ 구하다 бере́чь 보관하다, 저축하다 печь 굽다 мочь 가능하다

2. 동사의 현재 변화

러시아 동사의 현재형 변화는 크게 1식과 2식 변화가 있으며, 이러한 분류는 어미의 형태에 따라서 이루어진다. 예외는 있지만 -а/-ять로 끝나는 동사들은 대체로 1식에 속하고 -и/-еть로 끝나는 동사들은 2식에 속한다.

1식 동사변화:

동사가 -а/-ять로 끝나면 대부분 1식에 속한다. 1식에 속하는 동사들은 기본형을 나타내는 마지막의 -ть를 삭제하고 대신 인칭과 수에 따라 각기 다른 형태인 '-ю, -ешь, -ет, -ем, -ете, -ют'를 붙인다.

3. 동사의 과거 변화

동사의 과거형은 일반적으로 동사원형에서 -ть를 떼어낸 다음 -л, -ла, -ло, -ли를 붙인다.

Он знал. 그는 알았다.

Она́ зна́ла. 그녀는 알았다.

Они́ зна́ли. 그들은 알았다.

Зна́ть 변화 (I)

1식변화	단수	복수	과거
Зна́ть (알다)	Я зна́ю	Мы зна́ем	Он знал Она́ зна́ла Оно́ зна́ло Они́ зна́ли
	Ты зна́ешь	Вы зна́ете	
	Он/Она́ зна́ет	Они́ зна́ют	

Гуля́ть 변화 (I)

1식변화	단수	복수	과거
Гуля́ть (산책하다)	Я гуля́ю	Мы гуля́ем	Он гуля́л Она́ гуля́ла Оно́ гуля́ло Они́ гуля́ли
	Ты гуля́ешь	Вы гуля́ете	
	Он/Она́ гуля́ет	Они́ гуля́ют	

4. 동사의 부정

명사를 부정할 때 소사 'не'를 사용한 것처럼, 동사를 부정할 때에도 동사변화 앞에 부정 소사 не를 붙여 사용한다.

Я не зна́ю.	나는 모른다.
Он не зна́л.	그는 알지 못했다.
Я не зна́ю, кто э́то.	나는 이 사람이 누구인지 모른다.
Ты зна́ешь, кто она́?	너는 그녀가 누구인지 아니?

Онá не знáет, кто он.	그녀는 그가 누구인지 모른다.
Мы знáем, как егó зовýт.	우리는 그의 이름이 뭔지 안다.
Вы знáете, чьи э́то вéщи?	당신(들)은 이것이 누구의 물건인지 아십니까?
Они́ не знáют, что э́то.	그들은 이것이 무엇인지 모른다.

5. 러시아어 격의 의미

러시아어와 한국어는 모두 격을 지닌 언어들이다. 그러나 격이 표현되는 방식은 서로 다르기 때문에 러시아어를 처음 배우는 사람들은 혼란스러워할 수 있다. 러시아어에서는 문장 속에서 나타나는 명사류 단어의 기능과 역할이 각 단어의 어미변화에 의해 표현되는데, 이러한 형태변화를 격변화라고 한다. 이러한 기능이 어순으로 표현되는 영어와는 사뭇 다른 문법 현상인 것이다. 한국어에서는 후치사라고 부르는 조사를 명사 뒤에 첨가하는 반면에, 러시아어에서는 단어 자체를 기능에 따라서 어미변화 시킨다. 그리고 필요한 경우에 후치사에 상응하는 전치사를 사용하기도 한다.

러시아어에는 주격, 생격, 여격, 대격, 조격, 전치격의 6개 격이 있다. 아래에서 각 격의 기능에 대해 알아보자.

격	속 성
주격	사전 항목은 주격으로 기록되며, 주격은 변화되지 않은 형태이기 때문에 단어의 기본형이라고 보면 된다. 문장에서 주어의 기능을 하는 단어들이 주로 주격으로 표현되며, 이들은 한국어에서의 '-은, -는, -이, -가'와 유사한 기능을 한다.
생격	생격 형태를 지닌 단어는 문장에서 소유자 혹은 소속을 의미한다. 한국어에서는 조사 '-의'에 해당한다.

여격	문장에서 여격은 단어에 간접목적어, 수혜자의 기능을 부여하며, 영어의 수여동사 구문과 유사한 문장에서 나타난다. 한국어에서의 조사 '-에게, -께, -한테'에 해당하는 기능을 한다.
대격	문장에서 대격은 타동사의 목적어, 즉, 직접목적어에 해당하는 단어에 첨가한다. 한국어에서의 목적격 조사 '-을/를'에 해당하는 기능을 한다.
조격	문장에서 조격은 '수단, 도구, 자격, 동반자'의 기능을 한다. 한국어에서의 조사 '-와/과 함께, -을/를 가지고'에 해당하는 기능을 한다.
전치격	전치격은 항상 전치사와 함께 사용되며, 전치사의 의미에 의존한다. 대표적으로 전치격을 이끄는 전치사는 **о, в, на**가 있다. 한국어에서는 '-에 대하여, -(장소)에서'에 해당하는 기능을 한다.

주격은 변화 없이 항상 단독으로만 사용되고, 전치격은 항상 전치사를 동반하며, 그 외의 격들은 해당 격을 이끄는 전치사와 함께 사용되거나 전치사 없이 단독으로 사용될 수 있다.

인칭대명사의 대격

단수		복수	
주격	대격	주격	대격
я	меня́	мы	нас
ты	тебя́	вы	вас
он/она́	его́/её	они́	их

다음 문장들을 읽고 해석하면서 동사변화와 인칭대명사의 사용법을 익혀보자.

Сейча́с вы рабо́таете? Нет, сейча́с я не рабо́таю, а отдыха́ю.	당신은 지금 일하고 계십니까? 아니요, 지금 저는 일하지 않고 쉬고 있습니다.

Ты зна́ешь меня́? Да, я зна́ю вас.	너는 나를 아니? 네, 저는 당신을 알아요.
Вчера́ ве́чером А́нна и Са́ша вме́сте гуля́ли.	어제 저녁에 안나와 사샤는 함께 산책했다.
Сего́дня у́тром он за́втракал, а она́ не за́втракала.	오늘 아침 그는 아침식사를 했지만, 그녀는 하지 않았다.
Они изуча́ют ру́сский язы́к.	그들은 러시아어를 배운다.
Что вы де́лаете? Я чита́ю журна́л.	당신은 무엇을 하고 계십니까? 저는 잡지를 읽고 있습니다.
Вы слу́шали это?	당신은 이 말을 들었나요?

ВЫРАЖЕНИЯ

Дава́й(те), познако́мимся!	인사 나눕시다!
Как вас зову́т?	당신의 성함(이름)은 무엇입니까?
Меня́ зову́т Мари́я.	제 이름은 마리아입니다.
О́чень прия́тно.	매우 기쁘군요. 매우 즐겁네요.
(Я) рад(а) вас ви́деть!	만나서 반갑습니다.

СЛОВАРЬ

у́тром 아침에	**у́жин** 저녁식사
днём 점심에, 낮에	**у́жинать** 저녁식사하다
ве́чером 저녁에	**сейча́с** 지금
но́чью 밤에	**гуля́ть** 산책하다
знать 알다	**объясня́ть** 설명하다
ду́мать 생각하다	**слу́шать** 듣다
чита́ть 읽다	**вме́сте** 함께
понима́ть 이해하다	**занима́ться** 종사하다
де́лать 하다	**сади́ться** 앉다
изуча́ть 배우다	**идти** 가다

рабóта 일	вести́ 인도하다
рабóтать 일하다	везти́ 운송하다
óтдых 휴식	нести́ 가지고 가다
отдыхáть 쉬다	брести́ 나아가다
зáвтрак 아침식사	спасти́ 구하다
зáвтракать 아침식사하다	берéчь 보관하다, 저축하다
обéд 점심식사	печь 굽다
обéдать 점심식사하다	мочь 가능하다
звать 부르다	прия́тно 기쁘다
ви́деть 보이다	

Упражнения 1 다음을 러시아어로 쓰고 말하시오.

① 아침에 나는 잡지를 읽었다.

____

② 저녁에 우리는 러시아어를 배운다.

____

③ 너는 무엇을 하고 있니?

____

④ 낮에 할아버지는 일을 하십니다.

____

⑤ 안톤은 나를 이해하지 못해요.

____

⑥ 저녁에 그녀는 쉽니다.

____

⑦ 당신은 일하십니까?

____

⑧ 저녁에 나의 언니는 산책했어요.

____

⑨ 저는 러시아어를 잘 알아요.

____

⑩ 당신은 저를 이해하십니까?

____

Упражнения 2 다음 동사들을 현재 및 과거 시제로 변화시키시오.

예) **знать**: 알다

현재: **зна́ю, зна́ешь, знает, зна́ем, зна́ете, зна́ют**

과거: **он знал, она́ зна́ла, они́ зна́ли**

ду́мать	отдыха́ть
чита́ть	за́втракать
понима́ть	обе́дать
де́лать	у́жинать
изуча́ть	гуля́ть
рабо́тать	объясня́ть

СОВРЕМЕННАЯ КУЛЬТУРА В РОССИИ - 러시아에서 스마트폰 사용하기(Смартфо́н)

러시아에서 스마트폰 스마트하게 사용하기

러시아에서 장기간 머물러야 할 경우 핸드폰을 로밍하여 사용하면 그 비용이 만만치 않게 나온다. 그러므로 로밍 대신 러시아에서 현지 핸드폰 선불카드를 자신에게 맞는 요금제로 구입해서 사용하는 것이 더 경제적이다. 한국에서 사용하던 자신의 스마트 폰에 유심 칩(SIM-КАРТА)을 구입하여 바꿔 끼우기만 하면 된다. 러시아에서도 대체로 동일 이동통신사 간 통화는 무료인 경우가 많기 때문에, 이렇게 하면 로밍 비용보다 훨씬 저렴하게 핸드폰 및 무선인터넷을 사용할 수 있다.

구입한 요금제 용량을 모두 사용한 경우에는 충전매장에서 선불카드를 구입해 사용하거나 무인 자동 충전기에서 돈을 넣고 충전하면 사용하던 번호 그대로 계속 사용할 수 있다. 러시아의 대표적인 이동통신사로는 엠떼에스(MTC), 빌라인(Билайн), 메가폰(Мегафон)이 있으니 자신에게 맞는 요금제를 골라서 사용할 수 있다. 모스크바에는 카페, 지하철, 공항 등에 무료 와이파이가 작동되고 있어 스마트폰 사용이 매우 편리하다.

〈sim–카드〉

〈지하철 내 무료 와이–파이〉

〈무인 충전 판매기〉

〈무인 충전 판매기 화면[10]〉

10 https://yandex.ru/images/сим карта, приём платежей через терминал, wi-fi в московском метро

제9장 Я говорю́ по-ру́сски.

ТЕМА 동사의 2식 변화

Вы говори́те по-ру́сски? 당신은 러시아어로 말하십니까?

Да, я говорю́ по-ру́сски. 네, 저는 러시아어로 말합니다.

ГРАММАТИКА

1. 동사의 현재 변화

2식 동사변화: -ить/-еть로 끝나는 동사들이 2식 변화를 한다. 2식 변화는 동사에서 -ить(еть)를 떼어 내고 인칭과 수에 따라 -ю, -ишь, -ит, -им, -ите, -ят를 붙인다. 동사의 동일 패러다임 속에서도 강세 이동이 가능하므로 주의해야 한다.

Говори́ть 변화 (II)

2식 변화	단수	복수	과거
Говори́ть (말하다)	Я говорю́	Мы говори́м	Он говори́л Она говори́ла Оно говори́ло Они говори́ли
	Ты говори́шь	Вы говори́те	
	Он/Она́ говори́т	Они́ говоря́т	

Смотре́ть 변화 (II)

2식 변화	단수	복수	과거
Смотре́ть (보다)	Я смотрю́	Мы смо́трим	Он смотре́л Она смотре́ла Оно смотре́ло Они смотре́ли
	Ты смо́тришь	Вы смо́трите	
	Он/Она́ смо́трит	Они́ смо́трят	

2식 변화 동사 중 어간이 '-ж, -ч, -ш, -щ'로 끝날 때 정자법 규칙에 의해서 1인칭 단수어미는 -ю 대신 -у를, 제3인칭 복수는 -ят 대신 -ат를 쓴다.

Учи́ть 변화 (II)

2식 변화	단수	복수	과거
Учи́ть (가르치다)	Я учу́	Мы у́чим	Он учи́л Она учи́ла Оно учи́ло Они учи́ли
	Ты у́чишь	Вы у́чите	
	Он/Она́ у́чит	Они́ у́чат	

Лежа́ть 변화 (II)

2식 변화	단수	복수	과거
Лежа́ть (누워있다)	Я лежу́	Мы лежи́м	Он лежа́л Она лежа́ла Оно лежа́ло Они лежа́ли
	Ты лежи́шь	Вы лежи́те	
	Он/Она́ лежи́т	Они́ лежа́т	

2. 동사의 과거 변화

동사의 과거는 1식과 마찬가지로 동사원형에서 -ть를 떼어낸 다음 -л, -ла, -ло, -ли를 붙인다.

Он говори́л. 그는 말했다.
Она́ говори́ла. 그녀는 말했다.
Они́ говори́ли. 그들은 말했다.

Люби́ть 변화 (II)

2식 변화	단수	복수	과거
Люби́ть (사랑하다)	Я люблю́	Мы лю́бим	Он люби́л Она люби́ла Оно люби́ло Они люби́ли
	Ты лю́бишь	Вы лю́бите	
	Он/Она лю́бит	Они лю́бят	

Я люблю́ вас.	나는 당신을 사랑합니다.
Ты лю́бишь меня́?	너는 나를 사랑하니?
Нет, я не люблю́ тебя́.	아니, 나는 너를 사랑하지 않아.
Роди́тели лю́бят нас.	부모님은 우리를 사랑하십니다.
Он не люби́л её.	그는 그녀를 사랑하지 않았습니다.
Она́ не люби́ла меня́.	그녀는 나를 사랑하지 않았습니다.

3. 재귀소사 -ся

러시아어는 'занима́ться ~에 종사하다, смея́ться 웃다, у́читься 공부하다'처럼 동사 뒤에 '-ся'를 첨가하여 자동사 또는 재귀동사로 사용한다. 이러한 동사들은 일반 동사와 마찬가지로 변화시킨 다음, 마지막 철자가 모음으로 끝나면 '–сь', 자음으로 끝나면 '-ся'를 붙여준다.

У́читься 변화 (–에서 공부하다)

2식 변화	단수	복수	과거
У́читься (공부하다)	Я учу́сь	Мы у́чимся	Он учи́лся Она́ учи́лась Оно учи́лось Они учи́лись
	Ты у́чишься	Вы у́читесь	
	Он/Она́ у́чится	Они́ у́чатся	

4. Мóжно '~할 수 있다'

술어부사 Мóжно는 무인칭 문으로 그 뒤에 동사원형이 온다. 시제는 현재를 나타내고자 할 때는 생략하고 과거 및 미래를 나타내고자 할 때는 быть 동사를 활용하여 사용한다.

Мóжно ýчиться. Там мóжно говори́ть по-рýсски. Здесь мóжно кури́ть. Мóжно стрóить.	배울 수 있다. 그 곳에서는 러시아어로 말할 수 있다. 여기서 담배 피울 수 있다. 건설할 수 있다.
Там мóжно бы́ло ýчиться. Мóжно бы́ло говори́ть. Мóжно бы́ло кури́ть. Мóжно бы́ло стрóить.	그 곳에서 배울 수 있었다. 말할 수 있었다. 담배 피울 수 있었다. 건설할 수 있었다.
Здесь мóжно бýдет ýчиться. Мóжно бýдет говори́ть. Мóжно бýдет кури́ть. Мóжно бýдет стрóить.	여기에서 배울 수 있을 것이다. 말할 수 있을 것이다. 담배 피울 수 있을 것이다. 건설할 수 있을 것이다.

5. 국명, 국적, 언어의 표현

국가	사람		~언어로	~언어
	남	여		
Амéрика 미국	америка́нец 미국남자	америкáнка 미국여자	по-англи́йски 영어로	англи́йский язы́к 영어
Áнглия 영국	англичáнин 영국남자	англичáнка 영국여자	по-англи́йски 영어로	англи́йский язы́к 영어
Гермáния 독일	гермáнец нéмец 독일남자	гермáнка нéмка 독일여자	по-немéцки 독일어로	немéцкий язы́к гермáнский 독일어

Ту́рция 터키	ту́рок 터키남자	турча́нка 터키여자	по-туре́цки 터키어로	туре́цкий язы́к 터키어
Фра́нция 프랑스	францу́з 프랑스남자	францу́женка 프랑스여자	по-францу́зски 프랑스어로	францу́зский язы́к 프랑스어
Испа́ния 스페인	испа́нец 스페인남자	испа́нка 스페인여자	по-испа́нски 스페인어로	испа́нский язы́к 스페인어
Кита́й 중국	кита́ец 중국남자	китая́нка 중국여자	по-кита́йски 중국어로	кита́йский язы́к 중국어
Коре́я 한국	коре́ец 한국남자	корея́нка 한국여자	по-коре́йски 한국어로	коре́йский язы́к 한국어
Росси́я 러시아	россия́нин ру́сский 러시아남자	россия́нка ру́сская 러시아여자	по-ру́сски 러시아어로	ру́сский язы́к 러시아어

다음 문장을 통해 국적, 언어 등의 표현법을 연습해 보자.

Анто́н ру́сский. Он говори́т по-ру́сски.	안톤은 러시아인이다. 그는 러시아어로 말한다.
Ната́ша ру́сская. Она́ то́же говори́т по-ру́сски.	나타샤는 러시아인이다. 그녀 또한 러시아어로 말한다.
Мэ́ри америка́нка. Она́ хорошо́ зна́ет францу́зский язы́к.	메리는 미국인이다. 그녀는 프랑스어를 잘 안다.
А́льберт италья́нец. Но он хорошо́ говори́т по-коре́йски.	알베르트는 이탈리아인이다. 그러나 그는 한국어로 잘 말한다.
Они́ мои́ хоро́шие друзья́.	그들은 나의 좋은 친구들이다.

ВЫРАЖЕНИЯ

전화통화(Разгово́р по телефо́ну)

1. 전화 왔을 때

Аллё(Алло)? Слу́шаю (вас).	여보세요? 듣고 있습니다.

2. 전화로 자기를 밝힐 때

Здра́вствуйте, это (звони́т) Ли́за. До́брое у́тро. С ва́ми говори́т Ли́за.	안녕하세요? 저는 리자예요. 좋은 아침입니다. 전 리자예요.

3. 누군가와 통화하고 싶다고 요청할 때

Мо́жно поговори́ть с твое́й сестро́й? Я могу́ поговори́ть с Мари́ей, пожа́луйста? Анто́н до́ма?	너의 여동생과 통화할 수 있을까? 마리야와 통화할 수 있을까요? 안톤은 집에 있습니까?

4. 기다리라고 요청할 때

Подожди́те секу́ндочку(мину́точку). Одну́ мину́ту. Он сейча́с подойдёт.	잠시만 기다리세요. 잠시만요. 그가 곧 올 것입니다.
Секу́нду. Я его́ позову́.	잠시만요. 그를 불러드릴게요.
Одну́ мину́ту.	잠시만요.

5. 부재 시 대화 방법

Сейча́с его́(её) нет. Ничего́ стра́шного. Я перезвоню́ по́зже.	지금 그(그녀)는 없습니다. 괜찮습니다. 조금 후에 다시 걸겠습니다.

СЛОВАРЬ

по-ру́сски 러시아어로	**дружи́ть** 친하게 지내다
говори́ть 말하다	**люби́ть** 사랑하다
смотре́ть 보다	**сего́дня** 오늘
по́мнить 기억하다	**вчера́** 어제
сто́ить 가치가 있다	**за́втра** 내일
кури́ть 담배 피우다	**сейча́с** 지금
стро́ить 건축하다	**мо́жно** ~할 수 있다
учи́ть 가르치다	**перезвони́ть** 다시 전화하다
учи́ться 배우다	**секу́нда** 초
стра́шный 무서운	**мину́та** 분
по́зже 조금 후에	

УПРАЖНЕНИЯ 다음을 러시아어로 쓰고 말하시오.

① 나는 그를 사랑했지만 그는 나를 사랑하지 않았어요.

② 안톤은 한국어로 유창하게 말해요(잘 말해요).

③ 저녁에 여기에서 텔레비전을 볼 수 있어요.

④ 나는 크고 좋은 집을 지었어요.

⑤ 당신은 저를 기억하고 계십니까?

⑥ 그녀는 미국인이고 저는 한국인입니다.

⑦ 여기서 담배를 피울 수 있습니까?

⑧ 그 곳에서는 중국어로 말할 수 있습니까?

⑨ 지금 아침식사를 할 수 있습니까?

⑩ 그들은 프랑스어를 모릅니다.

СОВРЕМЕННАЯ КУЛЬТУРА В РОССИИ
- 러시아의 주말별장 다차(Да́ча)

러시아인들의 힐링 쉼터!

러시아인들은 대부분 교외에 '다차'라고 하는 별장(전원주택)을 소유하고 있다. 우리에게 별장하면 '커다란 하얀 이층집, 벽난로, 흔들의자, 부자' 등과 같은 단어와 이미지들이 떠오르지만 러시아인에게 별장의 개념은 우리와 사뭇 다르다. 러시아에서는 부자가 아니라도 대부분 '다차'라고 하는 세컨드 하우스를 가지고 있는데, 주말이면 이곳에 가서 각종 채소, 과일, 화단 등을 가꾸며 휴식과 재충전의 시간을 갖는다. 우리의 주말농장과 텃밭이 있는 전원주택의 개념을 섞어놓은 것과 비슷하다. 러시아인들은 금요일 오후가 되면 '다차'에 가서 자신이 직접 감자, 토마토, 야채, 산딸기 등을 기르고 수확하면서 도시생활에서의 스트레스를 해소하고 자연 속에서 생활하는 것을 즐긴다. 주말이 되면 온 가족이 도심을 떠나 교외로 대이동을 하게 되므로 금요일 정오부터는 도심지에서 외곽으로 나가는 도로는 언제나 극심한 정체에 시달리곤 한다.

러시아의 이러한 '다차'는 18세기 초 피터 대제 시대에 최초로 나타나 19세기 말에 대중화되었다고 한다. 소비에트 사회주의 시대에 공을 세운 시민에게 국가에서 무상으로 분배한 뒤 많은 러시아 시민들이 다차를 소유하게 되었고 그들의 삶 깊숙이 뿌리를 내리게 되었다. 러시아인들은 귀하고 특별한 손님들을 자신의 다차로 초대하여 가족들이 직접 가꾼 재료들을 이용하여 식사를 대접하며 사우나를 즐기곤 한다.

다차는 정치적으로도 적극 활용되고 있는데 러시아 대통령의 '다차외교'는 유명하다. 외국의 정상을 다차로 초대하여 공식석상에서는 할 수 없는 내용의 대화를 격식을 차리지 않고 허심탄회하게 나누면서 풀리지 않던 문제들을 해결하기도 하며 그 관계를 돈독히 한다.

〈다차가꾸는 할머니〉

〈시골 다차 외관〉

〈현대적 다차〉

〈다차 모형도[11]〉

11 http://yandex.ru/image/дача

제10장 Я пишу́ письмо́ ма́ме.

ТЕМА 명사의 여격 사용하기

Я пишу́ письмо́ ма́ме. 나는 엄마께 편지를 쓴다.

Я люблю́ писа́ть письмо́ бра́ту.
나는 형에게 편지 쓰는 것을 좋아한다.

ГРАММАТИКА

1. 명사의 여격: -에게, -께, -한테

문장에 여격을 지배하는 동사가 나올 때는 항상 수혜자가 있다. 수혜자가 되는 명사는 여격의 형태를 취하게 되는데, 남성과 중성명사일 때는 어미에 -у/-ю를, 여성명사일 때는 -е/-и를, 복수형에는 -ам/-ям을 첨가한다. 동사 중에는 여격을 요구하는 부류들이 있는데, 주로 수여동사들이 여기에 속한다. 한국어에서의 '-에게, -께, -한테'에 해당하는 간접목적어들이 러시아어에서는 여격으로 표현되나 항상 대응관계가 성립되는 것은 아니다. 또한 문장의 특수 구문으로서 의미상의 주어가 여격으로 표현되는 경우도 있다.

	주격 кто? что?	여격 어미	여격 кому? чему?
남성	студе́нт, оте́ц, преподава́тель, музе́й	-у -ю	студе́нту, отцу́, преподава́телю, музе́ю
중성	сло́во, ме́сто, по́ле, общежи́тие, и́мя, вре́мя	-у -ю -ени	сло́ву, ме́сту, по́лю, общежи́тию, и́мени, вре́мени

여성	студе́нтка, дере́вня, фами́лия, тетра́дь, дочь, мать	-е -и -ери	студе́нтке, дере́вне, фами́лии, тетра́ди, до́чери, ма́тери
복수	студе́нты, слова́, фами́лии	-ам -ям	студе́нтам, слова́м, фами́лиям

2. 인칭대명사의 여격: -에게

단수			복수		
주격	대격	여격	주격	대격	여격
я	меня́	**мне́**	мы	нас	**нам**
ты	тебя́	**тебе́**	вы	вас	**вам**
он/она́	его́/её	**ему́/ей**	они́	их	**им**

3. Писа́ть 동사변화

동사 писа́ть의 현재변화에는 자음교체가 있으니 주의하자. 동사 писа́ть는 '~에게 ~을 쓴다'는 의미로 여격과 대격을 지배한다.

〈**Писа́ть** 현재변화〉

2식 변화	현재단수	현재복수	과거
Писа́ть (쓰다)	Я пишу́	Мы пи́шем	Он писа́л Она́ писа́ла Оно́ писа́ло Они́ писа́ли
	Ты пи́шешь	Вы пи́шете	
	Он/Она́ пи́шет	Они́ пи́шут	

Я пишу́ письмо́ профе́ссору. 나는 교수님께 편지를 쓰고 있다.
Вчера́ он позвони́л мне. 어제 그는 나에게 전화했다.
Мы подари́ли пода́рок ма́тери. 우리는 어머니께 선물했다.

4. 동사1 + 동사2

동사가 2개 연속적으로 나올 때에는 아래 예문처럼 뒤에 오는 동사는 앞의 동사의 보어가 된다. 앞의 동사는 시제와 인칭에 맞게 변화하며 뒤의 동사는 원형을 사용한다. 다음 예문을 살펴보자.

Я люблю́ писа́ть письмо́.
나는 편지 쓰는 것을 좋아합니다.

Мы лю́бим говори́ть по-ру́сски.
우리는 러시아어로 말하는 것을 좋아합니다.

Анто́н не люби́л чита́ть журна́л.
안톤은 잡지 읽는 것을 좋아하지 않았습니다.

5. 수사 (기수사)

수사에는 '하나, 둘, 셋, ...'처럼 수를 세는 기수사와 '첫 번째, 두 번째, ...'처럼 순서를 헤아리는 서수사가 있다. 러시아어의 기수사는 명사처럼, 서수사는 형용사처럼 사용된다. 먼저 기수사에 대해서 알아보자. 1~10까지는 고유한 명칭이 있고, 11~19는 1~10에다 -надцать를 더해주고, 20부터 30까지는 -дцать를 더해 해당 숫자를 표현한다. 그 이후 숫자부터는 일정 형태 등을 규칙적으로 변화시켜 사용한다.

1 оди́н, одна́, одно́, одни́	17 семна́дцать
2 два, две	18 восемна́дцать
3 три	19 девятна́дцать
4 четы́ре	20 два́дцать
5 пять	21 два́дцать один, одна́, одно́, одни́
6 шесть	22 два́дцать два, две
7 семь	23 два́дцать три

8 во́семь 9 де́вять 10 де́сять 11 оди́ннадцать 12 двена́дцать 13 трина́дцать 14 четы́рнадцать 15 пятна́дцать 16 шестна́дцать	30 три́дцать 40 со́рок 50 пятьдеся́т 60 шестьдеся́т 70 се́мьдесят 80 во́семьдесят 90 девяно́сто 100 сто

1 ~ 10	оди́н, два, три, четы́ре, пять, шесть, семь, во́семь, де́вять, де́сять
11~19	1~10 + на́дцать
20, 30	2, 3 + дцать
40	со́рок
50, 60, 70, 80,	5, 6, 7, 8 +10 (де́сять)
90	девяно́сто
100	сто

6. 나이 표현하기: год, го́да, лет(해, 년, 살)

러시아어는 숫자를 사용하여 표현할 때 준수해야 할 규칙이 있다. 수사 1 뒤에는 단수 주격의 형태가, 수사 2, 3, 4 뒤에는 단수 생격의 형태가 와야 한다. 또한 5 이상 20까지의 숫자가 올 경우 그 뒤의 명사는 복수 생격의 형태로 나와야 한다. 그러므로 나이를 표현할 때 1로 끝나면 단수 주격 год를 사용하고 2, 3, 4로 끝나면 단수 생격인 го́да, 5 이상의 숫자로 끝나면 복수 생격인 лет을 붙여 사용해야 한다.

Мне 12(двена́дцать) лет. 나는 12살이다.

Ему́ 2(два) го́да. 그는 2살이다.

Ей 21(два́дцать оди́н) год. 그녀는 21살이다.

Нам 40(со́рок) лет 우리는 40살이다.

러시아의 화폐

러시아의 화폐에는 '까뻬이까'와 '루블'이 있다. 루블에는 지폐와 동전이 있고 까뻬이까는 동전만 있다. 화폐를 이용할 때 사용되는 수사도 역시 숫자에 따라 생격을 사용해야 하므로 주의해야 한다. 아래 그림은 러시아에서 통용되고 있는 지폐와 동전의 앞면과 뒷면이다.

루블	까뻬이까	원
1 рубль 32 рубля́ 56 рубле́й	1 копе́йка 32 копе́йки 56 копе́ек	1 во́на 32 во́ны 56 вон

〈까뻬이까〉

〈루블[12]〉

다음 문장들을 읽고 해석하면서 숫자의 사용법을 익혀보자.

Здесь сто два́дцать оди́н учени́к.	여기에 121명의 남학생이 있다.
Здесь сто два́дцать одна́ учени́ца.	여기에 121명의 여학생이 있다.
Здесь сто два́дцать одно́ окно́.	여기에 121개의 창문이 있다.
Я купи́л одни́ часы́.	나는 시계 하나를 구입했다.
Анто́н подари́л мне пода́рок.	안톤은 내게 선물을 주었다.
Э́то о́чень краси́вое золото́е кольцо́.	이것은 매우 아름다운 금반지이다.
Э́то са́мое дорого́е кольцо́ в ми́ре.	이것은 세상에서 가장 비싼 반지이다.

ВЫРАЖЕНИЯ

Ско́лько вам лет?	당신은 몇 살입니까?
Мне 20 лет.	저는 스무 살입니다.
Ско́лько сто́ит?	얼마입니까?
Э́то 150 рубле́й.	이것은 150루블입니다.

12 https://yandex.ru/images/search/рубль, копе́йка

СЛОВАРЬ

скóлько 얼마나	дорогóй(ая, ое, ие) 비싼
сáмый(ая, ое, ые) 가장	золотóй(ая, ое, ые) 황금의
год, гóда, лет 년, 살, 해	позвони́ть 전화하다
рубль(男) 루블	кольцó 반지
копéйка 까페이까	всё 모두
вóна 원	в ми́ре 세계에서
писáть 쓰다	учени́к 남학생, 남자생도
подари́ть 선물하다	учени́ца 여학생, 여자생도
подáрок 선물	

УПРАЖНЕНИЯ 다음을 러시아어로 쓰고 말하시오.

① 언니는 24살입니다.

② 그녀가 31살입니까?

③ 책은 얼마입니까?

④ 우리는 마리야에게 편지를 썼습니다.

⑤ 너는 친구에게 편지 쓰는 것을 좋아하니?

⑥ 당신은 그에게 전화하는 것을 좋아하지 않습니까?

⑦ 당신은 몇 살입니까?

⑧ 그는 러시아어로 편지를 쓸 수 있습니까?

⑨ 나는 영어로 된 책을 읽는 것을 좋아합니다.

____

⑩ 나의 부모님은 내게 선물을 해주셨다.

____

СОВРЕМЕННАЯ КУЛЬТУРА В РОССИИ - 러시아의 사우나 문화(Бáня)

러시아 바냐(Бáня) 100% 즐기기

러시아의 목욕문화에 대해서 알아보자. 러시아인들은 주말농장 '다차'에 자신의 바냐(бáня)를 설치하기를 간절히 바란다. 한국의 공중목욕탕과는 개념이 많이 다르긴 하나, 러시아에도 일반 대중탕이 있기는 하지만 여기에서 바냐라고 불리는 것은 전통적 의미의 개인 사우나를 뜻한다. 가족이나 친구들이 몇 명씩 모여 바냐를 즐기는데, 반드시 미리 예약을 해야 한다. 예약을 하지 않고 가면 대부분 빈공간이 없어서 허탕을 치게 된다. 바냐에서는 수영복 등을 착용하고 남녀가 함께 이용하기도 한다.

러시아 바냐는 처음에 들어가서는 건식 사우나를 즐길 수 있다. 그러다가 그 안에 준비되어 있는 뜨거운 돌에 물이나 맥주 등을 부으면 많은 수증기가 만들어지면서 습식 사우나를 즐길 수 있게 된다. 물을 많이 부을수록 사우나 온도가 높아지니 물을 조금씩 부어가며 자신에게 맞는 온도를 찾는 것이 좋다.

러시아의 마켓에서는 자작나무 잎이 달려있는 마른 나뭇가지를 바싹 말려 다발을 판매하는데, 이것이 바로 바냐에서 사용되는 필수도구이다. 말린 자작나무가지 다발을 물에 담가 놓았다가 우려낸 물로 몸을 씻으면 피부가 좋아지고 피부염도 치유되며 머리를 감으면 결이 고와지고 윤기가 돈다고 한다. 그림에서 보는 것처럼 편안히 누운 후 물에 불린 자작나무 가지 다발로 서로를 두들겨 주며 마사지를 해주는데 이것은 혈액순환에 아주 좋다고 한다. 러시아 바냐에는 사우나 부스만 있는 것이 아니라 옆에 수영장만큼 깊은 냉탕, 오락이나 여흥을 즐길 수 있는 노래방 기계, 당구대 등을 구비해 놓는 경우도 많다. 바냐에서 더워진 몸을 냉탕에서 식힌 후 다시 사우나를 하러 가거나 함께 음식이나 스낵을 먹으며 즐거운 시간을 보낼 수도 있다. 스낵의 일종으로 해바라기 씨가 있는데, 러시아인들의 해바라기 씨를 까먹은 기술은 가히 예술적이라고 할 수 있다. 겨울철에는 특히 러시아 바냐의 묘미를 더 잘 느낄 수 있다. 하얗게 눈으로 쌓인 산속 오두막 바냐에서 한껏 달구어진 몸을 식히기 위해 러시아인들은 눈밭 위에서 알몸으로 구르거나 강가의 얼음을 깨고 뛰어 들어가 냉수마찰을 즐기기도 한다. 그러나 심장질환이나 유사한 질환이 있는 사람은 극심한 온도 변화에 노출되는 경우 치명적일 수 있으므로 과도한 온도의 바냐는 피하는 것이 좋다.

〈겨울철에 사우나 즐기기〉

〈물에서 냉수마찰하기〉

〈자작나무 가지 말리기〉

〈자작나무 가지로 마사지하기[13]〉

13 http://yandex.ru/image/баня

제11장 У кого́ есть слова́рь?

ТЕМА 명사의 생격 사용하기

У вас есть слова́рь?	당신에게는 사전이 있습니까?
Да, у меня́ есть слова́рь.	네, 저에게는 사전이 있습니다.
Нет, у меня́ нет словаря́.	아니요, 저에게는 사전이 없습니다.

ГРАММАТИКА

1. 명사의 생격

생격은 문장에서 소유자 혹은 소속을 나타낼 때 사용하며 한국어에서는 조사 '-의'에 해당한다. 명사의 생격 변화는 성과 수에 따라 그 형태가 달라지는데 명사의 단수 생격은 남성과 중성형 어미에 -а/-я를, 여성형일 때는 -ы/-и를 첨가한다. 그러나 복수 생격은 매우 다양하게 변화하므로 주의를 기울여야 한다. 생격은 다음과 같은 경우에 사용한다.

① 특정 동사가 생격을 이끌 경우: жела́ть(바라다), избе́гать(피하다), боя́ться(두려워하다), достига́ть(도달하다) 등이 있다.

Я жела́ю тебе сча́стья.	너의 행복을 빈다.
Он избега́л встре́чи.	그는 만남을 회피했다.
Она́ боя́лась хо́лода.	그녀는 추위를 두려워했다.

② '명사1+명사2'의 구조에서 두 번째 명사가 첫 번째 명사를 수식하는 경우, 즉 명사2가 명사1의 소유자나 소속의 의미를 지닐 경우 명사2는 항상 생격으로 쓰인다.

кни́га дру́га	친구의 책
чемода́н сестры́	언니의 트렁트(가방)
во́ля челове́ка	인간의 의지
ве́чер та́нцев	무도회의 파티

③ 부정 생격: '~가 없다'와 같은 구조에서 존재가 부정될 때 부정되는 대상이 생격으로 표현된다.

У меня́ нет биле́та на по́езд.	나는 기차표가 없다.
Тогда́ у них не́ было де́нег.	그때 그들에게는 돈이 없었다.
У нас нет вре́мени.	우리는 시간이 없어요.

④ 수량 생격: 2~4 다음에 나오는 명사는 단수 생격, 5 이상의 수사와 결합하는 명사는 복수 생격으로 표현된다.

Это сто́ит 5 рубле́й.	이것은 5루블이에요.
У меня́ четы́ре кни́ги.	나에겐 책 4권이 있어요.
Мое́й сестре́ 3 го́да.	내 누이는 3살이에요.

명사의 단수 생격

	단 수			
	주격 어미	주격 명사	생격 어미	생격 명사
남성	-자음	студе́нт, друг, оте́ц	-а	студе́нта, дру́га, отца́
	-й /-ь	музе́й, слова́рь	-я	музе́я, словаря́

중성	-о	ме́сто, сло́во	-а	ме́ста, сло́ва
	-е	мо́ре, по́ле	-я	мо́ря, по́ля
여성	-а	страна́, подру́га	-ы	страны́, подру́ги
	-я / -ь	Коре́я, две́рь	-и	Коре́и, две́ри

명사의 복수 생격

	단 수	복 수		
	단수주격어미	복수주격명사	복수생격어미	복수생격명사
남성	-자음	студе́нты	-ов	студе́нтов
	-й	музе́и	-ев	музе́ев
	-ж/ч/ш/щ -ь	врачи́ словари́	-ей	враче́й словаре́й
	-ц	ме́сяцы отцы́	-ев(앞강세) -ов(뒤강세)	ме́сяцев отцо́в
중성	-о	о́кна слова́	출몰모음 어미(x)	о́кон сло́в
	-е	поля́	-ей	поле́й
	-ие	зда́ния	-ий	зда́ний
여성	-а	де́вушки стра́ны	출몰모음 어미(x)	де́вушек стра́н
	-я	неде́ли	-ь	неде́ль
	-ия	ста́нции	-ий	ста́нций

2. 인칭대명사의 생격

인칭대명사의 생격은 대격과 형태가 동일하다. 처음 러시아어를 접할 때는 인칭대명사와 소유인칭대명사를 혼동할 수 있으니 특히 주의해야 한다.

주격 кто	생격 **когó**	여격 комý
я	**меня́**	мне
ты	**тебя́**	тебé
он/онá	**егó/её**	емý/ей
мы	**нас**	нам
вы	**вас**	вам
они́	**их**	им

3. У когó есть что: '~에게 ~이 있다.'

'~에게 ~가 있다'는 표현을 하고자 할 때에는 'У когó есть что'의 구문을 사용하면 된다. 여기서 강조의 기능을 하는 есть(있다)는 생략할 수 있다. 생격을 지배하는 전치사 у 다음에 3인칭 대명사가 나올 경우 두 개의 모음이 충돌하지 않도록 인칭대명사 앞에 н을 삽입하여 'негó, неё, них'처럼 사용한다.

У меня́ есть дéти.	나에게는 아이들이 있다.
У нас есть чай и кóфе.	우리에게는 차와 커피가 있다.
У негó есть хорóший учéбник.	그에게는 좋은 교재가 있다.
У неё есть нóвая маши́на.	그녀에게는 새 자동차가 있다.
У них есть óчень краси́вые часы́.	그들에게는 아주 예쁜 시계가 있다.

한편, '~에게 ~이 없다'와 같이 존재를 부정할 때는 아래 예문처럼 нет 다음에 명사 생격을 사용한다. 이 경우 нет은 '아니다'의 의미가 아니라 '없다, 부재하다'의 의미이며, 이러한 구문을 부정생격 구문이라고 한다.

У вас есть ру́чка?	당신에게는 펜이 있나요?
Нет, у меня́ нет ру́чки.	아니요, 나에게는 펜이 없어요.
У тебя́ есть заня́тия?	너에게 수업이 있니?
Нет, у меня́ нет заня́тий.	아니, 난 수업이 없어.

4. Хоте́ть (-원하다) 변화

동사 хоте́ть는 단수변화에서 자음 교체가 나타나고 강세가 어간으로 이동하므로 주의하자. 동사 хоте́ть는 원형동사를 보어로 취한다.

Хоте́ть 동사 변화

혼합 변화	단수	복수	과거
Хоте́ть (원하다)	Я хочу́ Ты хо́чешь Он/Она́ хо́чет	Мы хоти́м Вы хоти́те Они́ хотя́т	Он хоте́л Она́ хоте́ла Оно́ хоте́ло Они́ хоте́ли

Я хочу́ слу́шать му́зыку.	나는 음악을 듣고 싶다.
Ты хо́чешь смотре́ть кино́?	너는 영화를 보고 싶니?
Он хо́чет говори́ть по-ру́сски.	그는 러시아어로 말하기를 원한다.
Мы хоти́м рабо́тать.	우리는 일하기를 원한다.
Вы хоти́те за́втракать?	당신(들)은 아침식사 하기를 원하시나요?
Они́ хотя́т гуля́ть.	그들은 산책하기를 원한다.

다음 대화문을 살펴보면서 유사 대화문을 만들어 연습해 보자.

Анто́н	Приве́т! Дорога́я!	안녕! 자기야!
Ната́ша	Приве́т! Анто́н!	안톤! 안녕!

Антóн	У тебя́ есть нóвый учéбник? Ой! я забы́л.	너는 새로운 교과서가 있니? 오! 잊어버렸네.
Натáша	Ой! У меня́ тóже нет. Ну-ка, Ну-ка, посмóтрим...., Ах! У меня́ хорóшая идéя! Давáйте, спрóсим у Сергéя. Мóжет быть у негó есть.	오! 나 역시 없어. 자, 자, 보자..... 아! 좋은 생각이 있어! 세르게이에게 물어보자. 아마 그는 있을 거야.
Антóн	Отли́чная идéя! Поидём.	좋은 생각이야! 가자.

ВЫРАЖЕНИЯ 건배를 위한 표현(Тост)

За вáше здорóвье!	당신의 건강을 위해!
За здорóвье вáшей семьи́!	당신 가족의 건강을 위해!
За вáши(нáши) успéхи!	당신의(우리의) 성공을 위해!
За вáше благополу́чие!	당신의 행복을 위해!
За дру́жбу!	우정을 위해!
Жéлаю вам счáстья!	당신의 행복을 기원합니다.
Жéлаю вам успéхов!	당신의 성공을 기원합니다.

СЛОВАРЬ

здорóвье 건강
счáстье 행복
благополу́чие 무사, 안녕, 행복
успéх 성공
дру́жба 우정
хотéть 원하다
óзеро 호수
герóй 영웅
истóрия 역사
учéбник 교과서
избéгать 피하다
боя́ться 두려워하다
достигáть 도달하다
хóлод 추위
хотéть 원하다
желáть 바라다, 희망하다
дéти 아이들
му́зыка 음악
вмéсте 함께, 같이, 동시에
забы́ть 잊다
идéя 아이디어(이데아)
мóжет быть 어쩌면
спроси́ть 묻다. 질문하다.
у(생격) ~의 곁에, ~에게,
встрéча 만남
счáстье 행복
вóля 의지
тáнец 춤, 댄스

УПРАЖНЕНИЯ 다음을 러시아어로 쓰고 말하시오.

① 나는 일하고 싶지 않아요.

____

② 그는 좋은 친구들이 있습니까?

____

③ 이것은 할머니의 책입니다.

____

④ 이것은 나의 책입니다.

____

⑤ 그녀는 사전이 없어요.

____

⑥ 지금 교수님은 안계십니다.

____

⑦ 이것은 대학 건물입니다.

____

⑧ 당신은 신문이 있습니까?

____

⑨ 나는 좋은 시계가 있어요.

____

⑩ 여기에 건물이 없어요.

____

СОВРЕМЕННАЯ КУЛЬТУРА В РОССИИ
- 러시아의 술 보드카(Во́дка)

Вода́? Во́дка? '신비스러운 물'이라 불리는 러시아 술 보드카!!!

러시아인은 파티를 좋아하는 민족이다. 러시아인들은 자주 친지를 자신의 집이나 '다차'로 초대하여 파티를 열면서 정담을 나누고 서로 간의 우정을 쌓으며 소통하는 삶을 즐긴다. 이러한 연회에서 러시아인들은 춤추고 노래하며 즐거운 시간을 보내는데 이때 빠질 수 없는 것이 술이다. 규모가 적든 크든 이들이 파티를 열 때 항상 등장하는 것이 보드카인데 러시아인들은 보드카를 마시면서 정담 나누는 것을 매우 좋아한다. 이러한 러시아인의 음주 문화는 소주 한잔에 온갖 시름을 달래보는 한국인의 정서와 매우 흡사하다. 러시아의 알코올 소비량은 계속 증가하고 있는데, 이러한 수치는 러시아인들이 그만큼 사회적 교제를 중시한다는 것을 의미한다.

밀, 보리, 호밀, 옥수수, 감자 등을 주원료로 사용하여 만드는 러시아의 전통적 술 보드카는 보통 도수가 40°나 되는 매우 독한 술이다. 보드카의 도수를 현재의 40°로 정착시키는데 결정적 기여를 한 사람은 19세기의 화학자 '드미뜨리 멘델레예프'로 알려져 있는데 우리에게 원소주기율표를 만든 과학자로 더 친숙하다. 이전까지 보드카의 도수는 일정치 않았으나 그가 연구 끝에 '인간의 입맛에 가장 적합한 알코올 도수는 40도이다'라는 논문을 발표함으로써 오늘날 마시는 보드카 도수의 모델을 제시한 것이라고 알려져 있다. 과거 러시아에서는 야외, 공원, 길거리 등에서 장소를 불문하고 자유롭게 술 마시는 사람들을 자주 볼 수 있었지만 요즘에는 법으로 금지되어 있어 길거리 음주모습을 찾아보기 매우 힘들다. 또 술로 인해 각종 사건사고가 많이 일어나 주류 판매에 대한 법률도 제정되었는데 이 법률은 2013년 1월 1일부터 발효되었으며 그 내용은 오후 11시부터 다음날 오전 8시까지 모든 가게에서 주류 판매를 금지한다는 것을 골자로 하고 있다. 그러나 지역에 따라 판매시간이 변동될 수 있으니 판매대에 써진 안내문을 확인하는 것이 필수이다. 그러므로 한 잔의 술로 이국 호텔 방에서의 쓸쓸한 밤을 달래고자 하는 사람들은 그 시간 전에 미리 술을 구매해 두어야

할 것이다. 그러나 술집에서는 자유롭게 술을 마실 수 있으니 너무 걱정하지 않아도 된다.

여기서 팁 하나!! 보드카 맛있게 마시는 법

보드카를 냉동실에 넣어 보관한 후 충분히 차가워졌을 때 마시면 특유의 쓴 맛이 사라져 '목 넘김'이 부드러워진다. 차가워진 보드카를 잔에 부으면 꿀처럼 '꿀렁꿀렁'하는 소리를 내는데, 이러한 맛과 멋을 즐기기 위해서 보드카를 냉동실에 보관하여 마시곤 한다. 만약 냉동실에 넣은 보드카가 얼었다면 당장 버리는 것이 좋다!! 가짜 보드카일 확률이 높기 때문이다. 러시아 사람들은 보드카를 마실 때 '원 샷'이 기본이다. 그리고 술을 다 마신 후에는 모든 악귀를 떨쳐낼 수 있다는 전통에 따라 술잔을 깨부수는 관습이 있으니, 한번쯤 같이 경험해 보는 것도 좋을 것이다. 그리고 한 잔씩 마실 때마다 차례로 돌아가면서 상대방의 건강, 성공 등에 대한 덕담의 건배사를 외치는 것이 다반사이니 멋진 건배사 몇 마디쯤은 미리 준비하는 것이 좋다. 러시아인들은 특별한 날일수록 장시간 술을 마시며 술잔을 계속 채우고 목소리를 높여 건배사를 나눈다. 그러나 우리의 '술잔 돌리기'처럼 자신의 술잔을 상대에게 권하지는 않는다. 술을 부을 때는 식탁의 잔에 따른다. 술잔을 손으로 들고 술을 받지 않는다. 러시아에는 술과 관련된 특별한 제스처가 있는데 엄지와 중지를 동그랗게 말아 쥔 후 옆 목을 톡톡 치면 '술을 많이 마셨다'는 의미가 된다.

보드카의 종류는 매우 다양하지만 가장 대중적인 보드카로는 '스미르노프'와 '스딴다르트'를 꼽을 수 있다. 특히 이 두 보드카는 우리에게도 매우 익숙해서 한국인들도 즐겨 찾고 있다. 가장 고가의 보드카로는 '크레믈린'과 '벨루가'를 꼽을 수 있는데 특히 보드카 '크레믈린'은 모스크바에서만 판다고 하니 기억해두는 것이 좋으며 '벨루가'는 한국에서도 구입할 수 있으나 그 가격이 러시아보다 2-3배정도 비싸니 현지에서 프리미엄 보드카를 즐겨보는 것도 좋은 추억이 될 것이다.

<Русский стандарт> 〈스딴다르트〉

<водка кремлин> 〈크레믈린〉

<водка белуга> 〈벨루가[14]〉

---

14 http://yandex.ru/image/водка стандарт, смирнов, кремлин, белуга

제12장 Куда́ вы идёте?

ТЕМА 명사의 대격 사용하기

이동동사 사용하기

Куда́ ты идёшь?	너 어디 가니?
Я иду́ в университе́т.	나는 대학교에 가고 있어.
Я иду́ на заня́тия.	나는 수업에 가고 있어.
Я е́ду в шко́лу.	나는 학교에 (타고)가고 있어.

ГРАММАТИКА

1. 명사의 대격: '-을/를'

문장에서 타동사의 목적어, 즉, 직접목적어에 해당하는 단어는 대격어미를 취하며 한국어에서의 목적격 조사 '-을/를'에 해당하는 기능을 한다. 단수에서 남성 명사의 경우 대격은 활동체 명사와 불활동체 명사에 따라 그 형태가 달라진다. 즉, 활동체 명사인 경우 대격어미는 생격 어미와 동일하며, 불활동체 명사인 경우 대격어미는 주격어미와 동일하다. 중성명사인 경우 대격은 주격과 동일하다. 단수 여성명사의 대격은 활동체와 불활동체의 구별 없이 어미에 -у/-ю/-ь을 붙인다.

그러나 복수형에서는 남성과 여성 대격에서 활동체와 불활동체의 구분이 있다. 활동체인 경우 대격이 생격의 어미와 동일하고 불활동체에서는 대격이 주격과 동일하다. 물론 중성은 생명체가 아니므로 대격은 주격과 동일한 어미를 취하게 된다.

명사의 단수 대격

<table>
<tr><th></th><th>단수 주격어미</th><th>단수 주격</th><th>단수 대격어미</th><th>단수 대격</th></tr>
<tr><td rowspan="2">남성</td><td>-자음, -b
활동체</td><td>студéнт, друг, преподавáтель</td><td>-а/-я
생격과 동일</td><td>студéнта, дрýга, преподавáтеля</td></tr>
<tr><td>й, -ь
불활동체</td><td>музéй, словáрь</td><td>주격과 동일</td><td>музéй, словáрь</td></tr>
<tr><td>중성</td><td>-о/-е</td><td>мéсто, мóре</td><td>주격과 동일</td><td>мéсто, мóре</td></tr>
<tr><td rowspan="2">여성</td><td>-а</td><td>студéнтка, газéта</td><td>-у</td><td>студéнтку, газéту</td></tr>
<tr><td>-я/-ь</td><td>Корéя, мать</td><td>-ю/ -ь</td><td>Корéю, мать</td></tr>
</table>

명사의 복수 대격

<table>
<tr><th></th><th>복수 주격어미</th><th>복수 주격</th><th>복수 대격어미</th><th>복수 대격</th></tr>
<tr><td rowspan="2">남성</td><td>-ы/-и
활동체</td><td>студéнты, герóи, врачú</td><td>-ов/-ев/-ей
생격과 동일</td><td>студéнтов, герóев, врачéй</td></tr>
<tr><td>-ы/-и
불활동체</td><td>университéты, музéи, домá</td><td>-ы/-и/-а
주격과 동일</td><td>университéты, музéи, домá</td></tr>
<tr><td>중성</td><td>-а.-я</td><td>óкна, здáния</td><td>-а/-я
주격과 동일</td><td>óкна, здáния</td></tr>
<tr><td rowspan="2">여성</td><td>-ы/-и
활동체</td><td>студéнтки, дéвушки</td><td>출몰모음, 어미(x)
생격과 동일</td><td>студéнток, дéвушек</td></tr>
<tr><td>-ы/-и
불활동체</td><td>кóмнаты, кнúги</td><td>-ы/-и
주격과 동일</td><td>кóмнаты, кнúги</td></tr>
</table>

2. Идти́/Е́хать + в/на + 장소(목적격) '~로 (걸어서) 가다', '~로 (타고) 가다'

동사 'идти́ (걸어)가다, е́хать(타고)가다'와 같은 범주에 속하는 동사들을 이동동사라고 한다. 이들 이동동사는 항상 대격지배 전치사 'в/на'와 함께 사용되고 목적지가 되는 명사는 대격 형태를 취한다.

〈**Идти́** 변화〉

1식 변화	현재 단수	현재 복수	과거
Идти́ (가다)	Я иду́	Мы идём	Он шёл Она́ шла́ Оно́ шло́ Они́ шли́
	Ты идёшь	Вы идёте	
	Он/Она́ идёт	Они́ иду́т	

〈**Е́хать** 변화〉

1식 변화	현재 단수	현재 복수	과거
Е́хать (타고 가다)	Я е́ду	Мы е́дем	Он е́хал Она́ е́хала Оно́ е́хало Они́ е́хали
	Ты е́дешь	Вы е́дете	
	Он/Она́ е́дет	Они е́дут	

3. 전치사 в/на + 장소(대격): ' ~로'

의문사 'Куда́(어디로)'에 대해 대답할 때는 전치사 'в/на'를 사용하며, 장소를 나타내는 명사는 대격형을 취한다. 명사의 대격형은 남성과 중성은 주격과 동일하며 여성은 '-у/-ю'를 취한다.

	что?(주격)	Куда?(목적격)	어미변화
남성	го́род музе́й уро́к	в го́род в музе́й на уро́к	변화 없음
중성	общежи́тие	в общежи́тие	변화 없음
여성	Москва́ ста́нция пло́щадь	в Москву́ на ста́нцию на пло́щадь	-у -ю -ь

전치사 <в/на>의 선택은 뒤에 오는 명사에 달려있는데, 그 규칙이 일정하지 않기 때문에 단어가 나올 때마다 기억해두는 것이 좋다.

Куда?	
в	на
в университе́т (종합)대학에 в институ́т (단과)대학에 в шко́лу 학교에 в гру́ппу 반에 в теа́тр 극장에 в музе́й 박물관에 в дере́вню 시골에 в Сеу́л 서울에 в Коре́ю 한국에 в больни́цу 병원에 в магази́н 상점에	на факульте́т 학과에 на уро́к 수업에 на ле́кцию 강연에 на у́лицу 거리에 на пло́щадь 광장에 на стадио́н 운동장에 на по́чту 우체국에 на рабо́ту 일터에 на заня́тия 수업에 на ры́нок 시장에 на о́стров 섬에 на восто́к(за́пад, юг, се́вер) 동(서, 남, 북)에

다음 대화문을 살펴보며 유사한 대화문을 만들어 보자.

- Ты идёшь домо́й? 너 집에 가니?
- Да, иду́. 그래. 집에 간다.
- Куда́ ты идёшь? Домо́й? 너 어디 가니? 집에 가니?

- Да, домо́й. 응, 집에 가.

- Куда́ вы е́дете? 당신은 어디에 가십니까?
- На стадио́н. Там фестива́ль. 운동장에요. 거기서 축제가 열려요.

- Куда́ вы е́дете? 당신은 어디에 (타고) 가십니까?
- В це́нтр. А вы? 중심지에요. 그런데 당신은요?
- Домо́й. 집으로 갑니다.

- Куда́ ты идёшь? 너 어디 가니?
- В кино́. 영화관에 가.

요일(неде́ля) 표현하는 방법

요일을 표현할 때에는 전치사 'в'와 함께 대격형으로 사용한다.

주일(**неде́ля**)

요일(**день неде́ли**)	~요일에 (**в**+대격)
월요일 **понеде́льник**	**в понеде́льник**
화요일 **вто́рник**	**во вто́рник**
수요일 **среда́**	**в сре́ду**
목요일 **четве́рг**	**в четве́рг**
금요일 **пя́тница**	**в пя́тницу**
토요일 **суббо́та**	**в суббо́ту**
일요일 **воскресе́нье**	**в воскресе́нье**

시간(**час**) 표현하는 방법

시간을 표현할 때에는 전치사 'в'와 함께 시간을 대격형으로 사용한다. 이때 앞서 배운 수량 생격을 활용하여 1 뒤에는 단수 주격, 2-4 다음에는 단수 생격, 5 이상일 때는 복수 생격을 사용한다.

~ 시에(в + 숫자 대격)	
в час.	1시에
в 2 часа́.	2시에
в 5 часо́в.	5시에

ВЫРАЖЕНИЯ **Дни неде́ли**(요일) 표현하기

Како́й сего́дня день?	오늘은 무슨 요일입니까?
Сего́дня понеде́льник(вто́рник, среда, четве́рг, пя́тница, суббо́та, воскресе́нье).	오늘은 월(화, 수, 목, 금, 토, 일)요일입니다.
Когда́ ты обе́даешь?	너는 언제 점심식사를 하니?
Обы́чно я обе́даю в час(4 часа́, 5 часо́в)	보통 나는 1시(4시, 5시)에 점심식사를 해.
Како́е сего́дня число́?	오늘은 며칠입니까?
Сего́дня второ́е Мая́.	오늘은 5월 2일입니다.

СЛОВАРЬ

куда́ 어디로	**понеде́льник** 월요일
идти́ 걸어가다	**вто́рник** 화요일
е́хать 타고가다	**среда́** 수요일
домо́й 집으로	**четве́рг** 목요일
ста́нция 역	**пя́тница** 금요일
общежи́тие 기숙사	**суббо́та** 토요일
теа́тр 극장	**воскресе́нье** 일요일
факульте́т 학부	**по́чта** 우체국
ле́кция 강의	**рабо́та** 일, 직장
у́лица 거리	**ры́нок** 시장

восто́к 동쪽 за́пад 서쪽 юг 남쪽 се́вер 북쪽 кино́ 영화 стадио́н 경기장	дере́вня 시골 больни́ца 병원 фестива́ль 축제 男 то́же 역시 це́нтр 중심지

УПРАЖНЕНИЯ 다음을 러시아어로 쓰고 말하시오.

① 지금 당신은 어디로 가십니까?

② 저는 학교에 갑니다.

③ 당신은 영화 보는 것을 좋아합니까?

④ 안톤은 책을 읽고 있습니다.

⑤ 그녀는 기숙사로 가고 있습니다.

⑥ 우리는 음악을 듣고 있습니다.

⑦ 저는 아빠를 사랑해요.

⑧ 그들은 역사를 배웁니다.

⑨ 어제 우리는 함께 잡지를 읽었습니다.

⑩ 너는 우체국에 가니?

____

СОВРЕМЕННАЯ КУЛЬТУРА В РОССИИ
- 모스크바의 명소 크레믈린(Кремль)

모스크바의 대표적 명소 중 하나인 크레믈린의 본래 의미는 '성벽'이다. 러시아의 주요 도시에는 외적의 침입에 대비하여 도심을 둘러싼 성벽이 있는데 이들 역시 모두 '크레믈린'이라 불린다. 모스크바의 크레믈린이 유명한 이유는 이곳이 러시아의 대표적 건축물이면서 문화적 총체이기 때문이다. 크레믈린 안에는 러시아 왕조의 화려한 문화유산이 보관되어 있다. 과거 러시아 왕(짜르)들은 뻬쩨르부르그로 수도를 옮겨 새 궁전을 축조하기 전까지 이 곳 모스크바의 크레믈린 안에 있는 궁전에서 기거했었다. 그리고 다시 수도가 뻬쩨르부르그에서 모스크바로 옮겨진 소비에트 시대 이후부터 현재까지 크레믈린은 러시아 정부의 심장이 되어왔다. 안으로 들어가면 유서 깊은 정교회 성당부터 궁전, 첨탑, 박물관 등을 관람할 수 있다. 이곳은 모스크바에서 가장 비싼 입장료를 내는 관광지 중 하나이다.

〈크레믈린 외관〉

〈크레믈린 옆 붉은 광장〉

〈크레믈린 내 성당들〉

〈크레믈린 성당 내부[15]〉

모스크바 크레믈린 관광 안내

개장시간: 10시-17시, 매주 목요일 휴관

5/15 ~ 9/30에는 9시30분-18시

매표소 개장: 09시30분-16시30분, 단 5/15-9/30까지는 9시-17시까지)

〈입장료〉

입장료 및 정교회 사원들 관람: 500P

무기고: 700P (하루 4차례 10:00, 12:00, 14:30, 16:30 입장가능)

<이반대제> 종탑 내 모스크바 크레믈린 건축 역사박물관: 250P

(www.kreml.ru 인터넷으로 입장표 구매 가능)

15 https://images.yandex.ru/yandsearch/кремль, красная площать

제13장 Где вы живёте?

ТЕМА 전치격 사용하기

Где вы живёте?	당신은 어디에 사십니까?
Я живу́ в Сеу́ле.	저는 서울에 살아요.
О чём вы ду́маете?	당신은 무엇에 대해 생각하십니까?
Я ду́маю об учёбе.	저는 학업에 대해 생각해요.

ГРАММАТИКА

1. 명사의 전치격

명사의 생·여·대·조격은 전치사와 함께 나오기도 하며 전치사 없이 명사만 단독으로 나올 수도 있다. 그러나 전치격은 문장에서 항상 전치사와 함께 사용되는데 대표적 전치사에는 'о(~에 대해), в(~속에), на(~위에)'가 있다.

전치격은 자음으로 끝나는 남성명사, -а/-я로 끝나는 여성명사, 그리고 -о/-е로 끝나는 중성명사의 어미에 -е를 붙여주면 된다. 그러나 -ь나 -ия로 끝나는 여성명사, -ие로 끝나는 중성명사는 어미 '-(и)и'를 붙인다. 그리고 복수의 경우에는 성과 관계없이 '-ах/-ях'를 붙여준다.

명사의 전치격

	단수 주격	단수 전치격	복수 전치격
남성	студе́нт музе́й преподава́тель	о студе́нте о музе́е о преподава́теле	о студе́нтах о музе́ях о преподава́телях
중성	письмо́ ме́сто зада́ние	о письме́ о ме́сте о зада́нии	о пи́сьмах о места́х о зада́ниях
여성	студе́нтка две́рь аудито́рия	о студе́нтке о две́ри о аудито́рии	о студе́нтках о дверя́х о аудито́риях

2. 인칭대명사의 전치격

Я	Ты	Он	Она́	Мы	Вы	Они́
обо мне	о тебе́	о нём	о не́й	о нас	о вас	о них

3. 전치사 в/на + 장소(전치격) : '~(장소)에서'

전치사 в와 на는 의문사 'Где?'에 대한 답으로 장소나 위치를 표현하고자 할 때 사용하며 이들은 전치격을 지배한다. 방향을 나타내는 표현인 'Куда́?'에 대한 대답 역시 전치사 в나 на를 사용하나 이들은 대격을 지배한다.

	주격(что?)	Где?(전치격)	Куда́?(목적격)
남성	го́род музе́й	в го́роде 도시에서 в музе́е 박물관에서	в го́род 도시로 в музе́й 박물관으로

	уро́к спекта́кль	на уро́ке 수업에서 на спекта́кле 연극에서	на уро́к 수업으로 на спекта́кль 연극으로
중성	о́зеро общежи́тие ме́сто	на о́зере 호수에서 в общежи́тии 기숙사에서 на ме́сте 자리에서	на о́зеро 호수로 в общежи́тие 기숙사로 на ме́сто 자리로
여성	Москва́ ста́нция пло́щадь	в Москве́ 모스크바에서 на ста́нции 역에서 на пло́щади 광장에서	в Москву́ 모스크바로 на ста́нцию 역으로 на пло́щадь 광장으로

4. Жить + в/на + 장소(전치격): '-에 살다'

동사 жить는 장소를 나타내는 전치사 'в, на'와 함께 전치격으로 사용된다. 이 동사의 현재변화에서는 자음 'в'의 첨가가 있으니 잘 기억해 두자.

Жить 동사 변화

1식변화	현재 단수	현재 복수	과거
Жить (살다)	Я живу́ Ты живёшь Он/Она́ живёт	Мы живём Вы живёте Они́ живу́т	Он жил Она́ жила́ Оно́ жи́ло Они́ жи́ли

5. Быть '이다, 있다, (존재)하다'

동사 быть(이다, 있다, (존재)하다)는 과거와 미래 형태만 존재한다. 미래를 표현하기 위해서는 현재형 어미 '-у, -ешь, -ет...'를 사용한다. 현재시제에서는 형태가 완전히 다른 есть를 사용하는데 이는 앞에서 언급한 것처럼 일반적으로 생략 가능하며 강조할 때에 사용한다.

동사 быть의 과거형은 인칭에 관계없이 성에 따라서만 변화 한다: Он был, Онá былá, Онó бы́ло, Они́ бы́ли.

Быть 동사변화

1식변화	미래 단수	미래 복수	과거
Быть (이다)	Я бу́ду Ты бу́дешь Он/Онá бу́дет	Мы бу́дем Вы бу́дете Он бу́дут	Он был Онá былá Онó бы́ло Они́ бы́ли

아래 문장들을 통해 현재, 과거, 미래 시제 표현을 익혀보자.

Мáма в кóмнате.	엄마는 방에 계신다.
Мáма былá в кóмнате.	엄마는 방에 계셨었다.
Сегóдня концéрт.	오늘 콘서트가 열린다.
Зáвтра бу́дет концéрт в цéнтре.	내일 콘서트가 중심지에서 열릴 것이다.
Сейчáс урóки.	지금은 수업 중이다.
Вчерá бы́ли урóки.	어제는 수업들이 있었다.
Он недáвно был в музéе.	그는 얼마 전에 박물관에 있었다.
Онá недáвно былá в музéе.	그녀는 얼마 전에 박물관에 있었다.
Они́ недáвно бы́ли в музéе.	그들은 얼마 전에 박물관에 있었다.

위의 예문에서 '있다, 이다, (존재)하다'라는 동사는 현재시제에서는 생략 가능하고 과거와 미래에서는 быть동사의 활용형을 사용하고 있음을 확인할 수 있다.

다음 대화문을 살펴보면서 유사 대화문을 만들어보자.

- Где вы живёте? 당신은 어디에 사십니까?
- Я живу́ в Москве́, а вы? 저는 모스크바에 살아요, 당신은요?
- Я на Че́джу(на о́строве Че́джу). 저는 제주도에 살아요.

- Где ты обы́чно гуля́ешь? 너는 보통 어디서 산책하니?
- Я обы́чно гуля́ю в па́рке. 나는 보통 공원에서 산책해.

- Где музе́й? – На пло́щади. 어디에 박물관이 있나요? - 광장에요.
- Где упражне́ние? – В тетра́ди. 어디에 연습문제가 있니? - 공책에.
- Где Ива́н? – В санато́рии. 이반은 어디에 있니? - 요양원에.
- Где твоя́ гру́ппа? – В аудито́рии. 어디에 너희 반이 있니? - 교실에.

달, 월(月) 표현하기

월을 표현할 때는 전치사 в와 함께 '월'을 전치격으로 사용한다.

달력(календа́рь)

월 **ме́сяц**	~월에 (**в**+전치격)
1월 янва́рь	в январе́
2월 февра́ль	в феврале́
3월 март	в ма́рте
4월 апре́ль	в апре́ле
5월 май	в ма́е
6월 ию́нь	в ию́не
7월 ию́ль	в ию́ле
8월 а́вгуст	в а́вгусте
9월 сентя́брь	в сентябре́

10월 октя́брь	в октябре́
11월 ноя́брь	в ноябре́
12월 дека́брь	в декабре́

ВЫРАЖЕНИЯ

Скажи́те, пожа́луйста, …	~말씀 좀 해주세요.
Скажи́, пожа́луйста, …	~말 (좀) 해줘.
Извини́те, …	죄송합니다만.

Скажи́те, пожа́луйста, чей э́то дом?	이것이 누구의 집인지 말씀해 주세요.
Э́то мой дом.	이것은 제 집입니다.
Скажи́, пожа́луйста, где ключи́?	열쇠(들)가 어디에 있는지 말해줘!
Ключи́ до́ма.	열쇠는 집에 있어.
Извини́те, э́то ва́ши ве́щи?	죄송합니다만, 이것은 당신 짐(들)입니까?
Да, мои́.	네, 제 것입니다.

СЛОВАРЬ

где 어디에	**сказа́ть** 말하다
спекта́кль 연극 男	**жить** 살다
обы́чно 일반적으로	**гуля́ть** 산책하다
упражне́ние 연습문제	**ключ** 열쇠
санато́рий 요양원	**всегда́** 항상
Че́чжу 제주도	**в**(전치격과 함께) ~속에, ~에서
неда́вно 얼마 전에	**на**(전치격과 함께) ~ 위에, ~에서
ра́ньше 예전에	**о**(전치격과 함께) ~에 대하여, ~관하여
учёба 학업	**о́зеро** 호수

УПРАЖНЕНИЯ 다음을 러시아어로 쓰고 말하시오.

① 너는 기숙사에서 살고 있니?

② 어제 당신은 대학교에 있었습니까?

③ 그녀는 방에 있습니다.

④ 저 역시 연주회에 가고 싶어요.

⑤ 교수님은 도시에 살고 있습니다.

⑥ 항상 나는 너에 대해 생각하고 있어.

⑦ 당신의 선생님은 어디에 살고 계십니까?

⑧ 그는 은행에서 일했습니다.

⑨ 그들의 부모님은 공원에서 산책하고 계십니다.

⑩ 어제 너의 여동생은 어디에 있었니?

СОВРЕМЕННАЯ КУЛЬТУРА В РОССИИ
- 상뜨-뻬쩨르부르그의 에르미따쥐 박물관
(Госуда́рственный Эрмита́ж)

에르미따쥐(Эрмита́ж) 박물관은 쌍트 뻬쩨르부르그에 있는 미술관으로 러시아 로마노프 왕조의 궁정으로 사용되었던 건축물이었다. 18세기 예까쩨리나 여제가 유럽 각지에서 미술품을 수집하여 보관하다 19세기 말 대중에 공개되면서 세계적인 미술관의 형태를 갖추기 시작했다. 이곳의 명칭 에르미따쥐는 프랑스어로 "은둔지(고독한 곳)"를 의미한다. 에르미따쥐 박물관은 세계적으로도 규모가 매우 큰 미술관 중 하나로 전체 면적 233,345m^2, 전시 면적 66,842m^2를 자랑한다. 이곳은 중앙 전시장과 예비 보관소를 합해 모두 6개의 건물이 서로 연결되도록 이루어져 있는데, 중앙 전시장 만해도 겨울궁전(Зи́мний дворе́ц), 소 에르미따쥐(Ма́лый Эрмита́ж), 구 에르미따쥐(Ста́рый Эрмита́ж), 에르미따쥐 극장(Эрмита́жный теа́тр), 신 에르미따쥐(Но́вый Эрмита́ж)의 5부분으로 이루어져 있다. 에르미따쥐는 거대한 크기뿐만 아니라 어마어마한 소장품으로도 유명한데 300만점 이상의 예술 소장품에는 우리에게도 유명한 미켈란젤로, 라파엘, 렘브란트, 레오나르도 다빈치와 같은 거장의 작품도 다수 포함되어 있다. 그래서 이곳은 영국의 대영박물관, 프랑스의 루브르 박물관과 함께 세계 3대 박물관에 속한다. 에르미따쥐 박물관의 각 컬렉션을 1분씩만 감상한다고 해도 8년이 걸린다고도 하니 가히 그 규모를 짐작할 만하다. 이곳은 방문객이 연간 300만 명 이상 되는 인기 관광지인데, 2009년부터 한국어 해설 서비스를 제공하고 있다. 티켓은 미리 인터넷으로 구매한 뒤 따로 마련된 티켓 오피스에서 교환하여 입장하는 것이 훨씬 편리하다. 그렇지 않으면 오랫동안 줄을 서 티켓을 구매해야 하므로 러시아의 예술과 문화의 진수를 감상하기도 전에 지치고 말 것이다. 에르미따쥐 박물관에 대한 자세한 정보는 공식 사이트 http://www.hermitagemuseum.org/를 참조하는 것이 좋다.

〈에르미따쥐 외관〉

〈에르미따쥐 겨울궁전 외부모습〉

〈에르미따쥐 내부〉

〈에르미따쥐 내부 모습[16]〉

16 https://images.yandex.ru/yandsearch/эрмитаж

〈입장료〉

외국인 중앙 전시홀 및 특별전시 일체 관람 - 600루블
내국인(벨라루시 포함)중앙 전시홀 및 특별전시 일부 관람 - 400루블
특별전시 1곳 관람 - 300루블
러시아 연금 수령자, 미취학 아동, 학생 등 - 무료(2015.9월 기준)

〈개관시간〉

화, 목, 토, 일요일: 10:30-18:00
수, 금요일: 10:30-21:00

〈티켓 판매 시간〉

화, 목 금, 토, 일요일: 10:30-17:30
수요일: 10:30-20:30
인터넷으로 티켓 구매가 가능
(https://www.hermitageshop.ru/tickets/)

매달 첫 번째 목요일 무료입장
매주 월요일, 1/1, 5/9 휴관

제14장 Вчерá вéчером где вы бы́ли?

TEMA 명사의 조격 사용하기

Вчерá вéчером где вы бы́ли?
어제 저녁 당신(들)은 어디에 있었나요?

Вчерá вéчером я был в библиотéке.
어제 저녁 난 도서관에 있었어요.

Я рабóтаю с ним.
나는 그와 함께 일한다.

Я живý с роди́телями.
나는 부모님과 함께 산다.

ГРАММАТИКА

1. 명사의 조격

문장에서 명사의 조격은 '수단, 도구, 자격, 동반자'의 의미를 지닌다. 조격을 지배하는 대표적 전치사 'с'와 함께 쓰이면 '~와 함께, ~을 가지고'에 해당하는 의미를 지닌다. 남성명사와 중성명사는 어미에 -ом/-ем을 붙이고, 여성형은 -ой/-ей, 복수형은 -ами/-ями를 첨가한다.

명사의 조격

	단수 주격	단수 조격	복수 조격
남성	студéнт музéй преподавáтель	студéнтом музéем препрдавáтелем	студéнтами музéями препрдавáтелями

중성	письмó мéсто задáние	письмóм мéстом задáнием	пи́сьмами местáми задáниями
여성	студéнтка двéрь аудитóрия	студéнткой двéрью аудитóрией	студéнтками дверя́ми(дверьми) аудитóриями

2. 인칭대명사의 조격 Кто-Кем

주격 생격 여격 대격 조격 전치격	Я меня́ мнé меня́ мной(óю) обо мнé	Ты тебя́ тебé тебя́ тобóй(óю) о тебé	Он егó емý егó им о нём	Онá её ей её éй(éю) о ней
주격 생격 여격 대격 조격 전치격	Мы нас нам нас нáми о нас	Вы вас вам вас вáми о вас	Они́ их им их и́ми о них	

Я живý с ней в общежи́тии. 나는 기숙사에서 그녀와 살고 있습니다.

Он рабóтает со мной в музéе. 그는 박물관에서 나와 일합니다

Вы бы́ли с ни́ми? 당신은 그들과 있었습니까?

Ты был в шкóле с ним? 너는 그와 학교에 있었니?

Онá гуля́ла с тобóй? 그녀는 너와 산책했니?

Они́ жи́ли с нáми. 그들은 우리와 살았습니다.

3. Стать 동사변화: -가 되다.

동사 стать는 조격형태의 보어를 취하여 '~가 되다'의 의미를 지닌

다. 현재변화에서 자음 'н'이 첨가되니 주의하자.

Стать 동사 변화

1식 변화	현재단수	현재복수	과거변화
Стать (되다)	Я ста́ну Ты ста́нешь Он/Она́ ста́нет	Мы ста́нем Вы ста́нете Они́ ста́нут	Он стал Оно́ ста́ло Она́ ста́ла Они́ ста́ли

Кем ты хо́чешь стать?	너는 무엇이 되고 싶니?
Я хочу́ стать профе́ссором.	나는 교수가 되고 싶어.
Са́ша ста́л перево́дчиком.	사샤는 통역사가 되었다.
Вы хоти́те стать журнали́стом?	당신은 기자가 되기를 원합니까?

4. Мочь 동사변화: ~할 수 있다.

동사 мочь는 동사원형과 함께 사용되며 자음교체 및 강세 이동이 있으니 주의하자.

1식변화	단수 현재	복수 현재	과거
Мочь (할 수 있다)	Я могу́ Ты мо́жешь Он мо́жет	Мы мо́жем Вы мо́жете Они́ мо́гут	Он мог Она́ могла́ Оно́ могло́ Они́ могли́

Я могу́ чита́ть кни́гу по-ру́сски.
나는 러시아어로 책을 읽을 수 있다.

Вы мо́жете говори́ть по-ру́сски?
당신은 러시아어로 말 할 수 있습니까?

Они́ мо́гут рабо́тать в библиоте́ке.
그들은 도서관에서 일할 수 있다.

5. 때를 나타내는 표현(계절, 하루)

Когда́?에 대한 답으로 'у́тром, ле́том'처럼 하루의 어느 시점이나 계절을 표현할 때는 조격형태를 사용한다.

у́тро	день	ве́чер	ночь	весна́	ле́то	о́сень	зима́
у́тром	днём	ве́чером	но́чью	весно́й	ле́том	о́сенью	зимо́й
아침에	낮에	저녁에	밤에	봄에	여름에	가을에	겨울에

다음 대화문을 살펴보면서 유사한 내용으로 대화문을 만들어보자.

Ма́ма	Приве́т! Ната́ша! Как в университе́те дела́?	안녕! 나타샤! 학교는 어떠니?
Ната́ша	Хорошо́, но я не хочу́ бо́льше учи́ться на врача́. Я хочу́ быть инжене́ром.	좋아요. 하지만 저는 더 이상 의사가 되는 공부를 하고 싶지 않아요. 저는 엔지니어가 되고 싶어요.
Ма́ма	Что ты тако́е говори́шь? Медици́на – э́то о́чень благоро́дная профе́ссия.	무슨 말을 하는 거니? 의학, 이것은 매우 좋은 직업이야.
Ната́ша	Я не хочу́ быть врачо́м!	저는 의사가 되고 싶지 않아요!
Ма́ма	Не спорь с ма́мой!	엄마랑 다투지 마라!
Ната́ша	Э́то моя́ жи́знь. Я хочу́ выбира́ть бу́дущее сама́.	이것은 저의 인생이에요. 저는 스스로 미래를 선택하고 싶어요.
Ма́ма	Я и твой оте́ц врачи́ и ты то́же бу́дешь врачо́м!	나와 너의 아버지는 의사고 너 역시 의사가 될 거다!
Ната́ша	Э́то мы ещё посмо́трим.	우리는 이것을 더 지켜봐요.

ВЫРАЖЕНИЯ

Поздравля́ю вас с Днём рожде́ния!	생일을 축하합니다.
С пра́здником!	기념일 (명절) 축하합니다!
С рождество́м!	메리 크리스마스!
С Но́вым Го́дом!	새해 복 많이 받으세요!
До́бро пожа́ловать.	어서 오세요.
Приходи́те к нам в го́сти.	우리 집에 놀러오세요.
Прия́тного аппети́та!	맛있게 드세요.
бу́дь(те) здоро́вы!	(재채기할 때) 건강하세요.

СЛОВАРЬ

весна́ 봄	Но́вый Го́д 신년(새해)
ле́то 여름	рождество́ 크리스마스
о́сень 가을 女	стать 되다
зима́ 겨울	пра́здник 경축일
рожде́ние 탄생	выбира́ть 선택하다
поздравля́ть 축하하다	бу́дущее 미래
мочь 할 수 있다	врач 의사
прия́тный 즐거운	с(조격) ~와 함께, ~가지고
аппети́т 식욕	пожа́ловать 주다, 수여하다
спо́рить 다투다, 논쟁하다	приходи́ть 도착하다
благоро́дная 좋은	здоро́вье 건강

УПРАЖНЕНИЯ 다음을 러시아어로 쓰고 말하시오.

① 우리는 간호원과 병원에 있었습니다.

____

② 나의 친구는 아가씨와 산책을 하고 있습니다.

____

③ 오늘 낮에도 그녀는 나와 일했습니다.

④ 봄에 나의 부모님은 오빠와 모스크바에서 삽니다.

⑤ 당신은 사업가가 되고 싶습니까?

⑥ 어제 아침에 나의 오빠는 친구와 도서관에 있었습니다.

⑦ 나의 할아버지는 음악가이셨습니다.

⑧ 여름에 안나는 서울에서 삽니다.

⑨ 너는 회사에서 일할 수 있어.

⑩ 그녀는 나에 대해 한국어로 말할 수 있습니다.

СОВРЕМЕННАЯ КУЛЬТУРА В РОССИИ
- 러시아의 대표 음식 보르쉬(борщ), 스메따나(сметáна), 샤슬릭(шашлы́к)과 블린늬이(блины́)

한국인의 입맛을 사로잡는 러시아의 대표음식

보르쉬(борщ)

러시아인들은 겨울이 길고 매우 춥기 때문에 따뜻한 국물이 있는 스프를 좋아한다. 그 중의 하나가 바로 보르쉬이다. 보르쉬는 '스뵤끌라(비트)'라고 불리는 빨간 무, 양파, 감자, 당근, 양배추 등 야채와 돼지고기, 돼지뼈, 양갈비, 베이컨 등 고기를 넣고 푹 끓여 만든 스프로 우리의 빨간 소고기국을 연상시킨다. 매우 담백하여 한국인의 입맛에 맞는 음식 중 하나이다. 위에 얹은 하얀 크림은 '스메따나'로 매우 고소한 맛을 낸다.

스메따나(сметáна)

러시아인의 스메따나 사랑은 대단하다. 러시아 어느 음식과도 함께 먹을 수 있는 이 소스는 우유를 발효시켜 만든 크림 형태의 소스이다. 맛은 약간 시큼하면서도 고소함이 함께 어우러져 있는데 한국에서도 쉽게 맛볼 수 있는 플레인 요구르트의 걸쭉한 형태로 생각하면 이해하기 쉬울 것이다. 한국인들은 이 스메따나를 맛본 후 그 호불호가 확실히 나뉘는데 시큼함에 익숙하지 않은 사람들은 러시아 음식을 시키기 전 스메따나를 빼달라고 요청해야 한다. 우리나라의 고추장, 된장처럼 러시아의 전통 소스 스메따나는 약방의 감초와 같은 존재라고 생각해도 될 것이다. 그러나 현재 러시아에서는 마요네즈가 스메따나의 자리를 위협하는 소스로 각광받고 있다.

샤슬릭(шашлы́к)

과거에 중앙아시아 유목민이 먹던 바비큐 음식에서 유래했지만 현재 러시아인에게 많은 사랑을 받고 있는 피크닉 음식이다. 소고기, 양고기, 돼지고기, 닭고기 등을 소금, 후추 등으로 밑간을 한 뒤 긴 꼬치에 끼워 숯불에 구워내면 자작나무나 소나무 향이 어우러져 특이한 풍미가 난다. 양파, 토마토 등을 곁들여 먹는다.

〈샤슬릭〉

〈샤슬릭 굽는 모습[17]〉

블린(блины́)

러시아식 팬케이크로 얇은 밀전병과 같이 생겼다. 밀가루를 반죽하여 얇게 구운 팬케이크에 연어알, 햄, 치즈, 버섯, 이크라, 꿀, 잼, 과일 등을 올려놓아 먹는다. 블린은 과거 '마슬레니짜'라는 봄맞이 축제 때에 태양을 상징하는 둥근 모양으로 만들어 온 동네 사람들이 서로 나누어 먹던 축제음식이었으나 오늘날에는 일상식으로 보편화되었다.

블린과 관련된 러시아 속담도 일상생활에서 자주 사용되고 있다: *Пе́рвый блин всегда́ ко́мом.* '첫 술에 배부르랴.' 이 속담은 처음 블린을 구울 때는 노련하지 못해 완벽한 블린을 만들지 못하고 실패하는 것처럼 사람은 처음엔 누구나 실수하는 법이니 너무 상심하지 말라는 위로와 격려의 말을 전할 때 사용된다.

17 https://images.yandex.ru/yandsearch/борщ, шашлык, блины

제15장 Позвони́(те) мне, пожа́луйста!

ТЕМА 동사의 명령형

Завтра мне позвони́(те), пожа́луйста.
내일 전화해(주세요).

Говори́(те) то́лько по-ру́сски.
러시아어로만 말하세요.

ГРАММАТИКА

1. 동사의 명령법

명령법은 화자가 청자에게 '명령, 요청, 바람' 등의 의미를 전달하고자 할 때 사용하며, 러시아어의 명령법은 아래와 같이 형성된다.

1) -й(те): 동사의 현재형 변화에서 어간이 모음으로 끝나면 어간에다 -й(те)를 붙인다.

чита́ть	чита́-ю →	чита́й(те) 읽어보세요.
ду́мать	ду́ма-ю →	ду́май(те) 생각해 보세요.
рабо́тать	рабо́та-ю →	рабо́тай(те) 일을 하세요.
отдыха́ть	отдыха́-ю →	отдыха́й(те) 쉬세요.
де́лать	де́ла-ю →	де́лай(те) 하세요.
гуля́ть	гуля́-ю →	гуля́й(те) 산책하세요.

пить	пь-ю →	пе́й(те) 마시세요.
повторя́ть	повторя́-ю →	повторя́й(те) 반복해 주세요.

2) -и(те): 동사의 현재형 변화에서 어간이 자음으로 끝나고 강세가 어미에 있으면 어간에다 -и(те)를 붙인다.

говори́ть	говор-ю́ →	говори́(те)	말하세요.
смотре́ть	смотр-ю́ →	смотри́(те)	보세요.
позвони́ть	позвон-ю́ →	позвони́(те)	전화해 주세요.
повтори́ть	повтор-ю́ →	повтори́(те)	반복해 주세요.

3) -ь(те): 동사의 현재형 변화에서 어간에 강세가 있고 자음으로 끝나면 어간에 -ь(те)를 붙인다.

встать вста́н-у → вста́нь(те) 일어서세요.

그러나 강세가 어간에 있어도 두 개의 자음이 붙어 나오면 -и(те)를 붙인다.

по́мнить по́мн-ю → по́мни(те) 기억하세요.

Откро́йте, пожа́луйста, окно́. 창문을 열어주세요, 부탁합니다.
Закро́йте дверь. 문을 닫아주세요.
Повтори́те, пожа́луйста, ещё раз. 한 번 더 말해 주세요, 부탁합니다.
Дайте су́мку. (손)가방을 주세요.

2. Дать 동사변화

동사 дать는 '-에게 -을/를 줄 것이다'의 표현을 하고자 할 때 활용한다. дать(주다) 동사는 давáть와 함께 상의 쌍을 이루고 있으며 불규칙 변화를 하므로 주의해야 한다.

Дать 동사변화

혼합변화	현재단수	현재복수	과거
Дать (주다)	Я дам Ты дашь Он/Онá даст	Мы дадúм Вы дадúте Онú дадýт	Он дал Онá далá Онó дáло Онú дáли

Онá даст мне дéньги. 그녀는 나에게 돈을 줄 것이다.

Я ужé дал письмó брáту. 나는 이미 형에게 편지를 주었다.

Мы передáли докумéнт преподавáтелям.
우리는 선생님께 서류를 전해드렸다.

Давáй(те)는 청유하는 표현으로 '~합시다'의 의미를 갖고 있다. Давáй(те) 다음에는 동사의 체에 따라 동사원형(불완료)이나 1인칭 복수형(완료) 변화가 올 수 있다. 동사의 상은 20장에서 자세히 살펴볼 예정이다.

Давáйте отдохнём в Корéе зимóй.
겨울에 한국에서 휴식을 취합시다.

Давáйте познакóмимся! 인사 나눕시다.

3. Пить 동사변화: 마시다

동사 пить는 현재변화에서 'ь'이 나타나므로 주의하자.

Пить 동사변화

1식변화	현재변화	현재변화	과거
Пить (마시다)	Я пью Ты пьёшь Он/Онá пьёт	Мы пьём Вы пьёте Они́ пьют	Он пил Онá пилá Онó пи́ло Они́ пи́ли

С кем ты сейчас пьёшь? 지금 너는 누구와 마시고 있니?

Я ни с кем не пью. 나는 아무하고도 마시고 있지 않아.

Вчерá вéчером мы с брáтом пи́ли кóлу.
어제 저녁 우리는 형과 콜라를 마셨다.

Онá не моглá пить молокó. 그녀는 우유를 마실 수 없었다.

다음 대화문을 살펴본 후 유사한 대화문을 만들어 보자.

- Э́то твоя́ рýчка? 이것이 네 펜이니?
- Да. 네.
- Дай, пожáлуйста. 이리 주렴.
- Пожáлуйста. 네, 여기요.

- Открóй окнó, пожáлуйста. 창문을 열어줘, 부탁할게.
- Сейчáс. 지금 열게.
- Спаси́бо. 고마워.

- Скажи́, пожа́луйста, что ты де́лаешь сейча́с?
  지금 뭐 하는지 말해 주겠니?
- Сейча́с? Ничего́ не де́лаю. Я отдыха́ю.
  지금? 아무것도 안 해. 난 쉬고 있어.
- Позвони́ мне ве́чером, пожа́луйста.
  저녁에 내게 전화 걸어 줘.
- Хорошо́. 좋아.

ВЫРАЖЕНИЯ

Да? Неуже́ли?	진짜? 설마?
Э́то пра́вда?	이거 정말이야?
Вы уве́рены?	확신해?
Вы э́то всерьёз?	진심입니까?

СЛОВАРЬ

пра́вда 참, 진리, 진실	переводи́ть 번역하다
дать 주다	гото́вить (음식)준비하다
переда́ть 전해주다	пить 마시다
откры́ть 열다	да́льше 계속해서
закры́ть 닫다	то́лько 오직
отдыха́ть 휴식하다	рестора́н 식당
позвони́ть 전화하다	всерьёз 진심이다
повтори́ть 반복하다	уве́реный 믿을만한
неуже́ли 설마	

УПРАЖНЕНИЯ 다음을 러시아어로 쓰고 말하시오.

① 여기에 계속해서 쓰세요.

____

② 차를 마시세요.

____

③ 지금 추워요. 창문을 닫아주세요.

____

④ 러시아어로 읽으세요.

____

⑤ 그는 나에게 돈을 줄 것이다.

____

⑥ 직장에 가세요.

____

⑦ 오늘 저녁에 나타샤에게 전화하세요.

____

⑧ 겨울에 한국에서 휴식을 취합시다.

____

⑨ 내일 삼촌에게 편지를 전해주세요.

____

⑩ 러시아어로만 말하세요.

____

СОВРЕМЕННАЯ КУЛЬТУРА В РОССИИ
- 러시아의 메뉴(Меню́)

러시아 메뉴는 보통 고기요리가 주인 따뜻한 음식(Горя́чие блю́да), 스프(Су́пы),

보르쉬(бóрщ 소고기국), 쉬(щи 양배추국), 우하(ýха 생선국)), 샐러드 류의 차가운 음식(Холóдные закýски), 디저트의 류의 달콤한 음식(Слáдкие блюда), 그리고 음료(Напи́тки) 부분으로 나뉜다. 먼저 전채요리에 해당하는 샐러드는 양배추 샐러드(салáт из капýсты)나 야채샐러드(салáд из óвощей), 감자 샐러드(салáт из картóшек) 등이 주를 이루고 붉은 무로 만든 샐러드(салáт из свёклы)도 러시아인들의 주요 메뉴이다. 메인 요리는 따뜻한 음식으로 분리되는데 보통 고기가 주재료로 사이드에 감자튀김(картóфель фри) 등이 곁들여져 나온다. 특히 한국인 입맛에 잘 맞는 꼬치 요리(шашлы́к)는 닭고기, 돼지고기, 소고기, 양고기로 만들어 양파 등과 함께 먹는다. 이 외에도 우리의 볶음밥과 비슷한 쁠롭(плов)과 '케밥'으로 널리 알려져 있는 샤우르마(шаурмá), 다양한 고기를 넣어 만든 만두(мáнты) 등이 러시아의 일반식이다. 러시아 음식점에서 쉽게 볼 수 있는 메뉴들은 아래와 같다.

Напи́тки(음료)	
водá 물 минерáльная водá 생수 газирóванная водá 탄산수 молокó 우유 кóла 콜라 спрáйт 사이다 фáнта 환타 чай 차 какáо 코코아	квас 크바스 сок 주스 апельси́новый сок я́блочный сок 오렌지주스, 사과주스 кóфе 커피 кóфе с молокóм и сáхаром 밀크 커피 чёрный кóфе 블랙커피 кóфе со льдом 아이스커피

Алкогóьные напи́тки(주류)	
винó 포도주 крáсное винó 레드와인 бéлое винó 화이트 와인 сухóе винó 드라이와인 слáдкое винó 스위트와인 коктéйль 칵테일 шампáнское 샴페인	пи́во 맥주 вóдка 보드카 ви́ски 위스키 конья́к 코냑 теки́ла 데낄라 марти́ни 마티니

Гарни́ры(사이드메뉴)		
Карто́фель фри 감자튀김	200гр.	100р.
Пюре́ карто́фельное 감자퓨레	200гр.	100р.
Рис 밥	200гр.	90р.
Шашлы́ки(꼬치구이)		
Шашлы́к из ку́рицы 닭 꼬치구이	350гр.	180р.
Шашлы́к из бара́нины 양 꼬치구이	300гр.	380р.
Шашлы́к из говя́дины 소고기 꼬치구이	250гр.	250р.
Шашлы́к из свини́ны 돼지고기 꼬치구이	250гр.	250р.
Горя́чие блю́да(따뜻한 음식, 주요리)		
Плов по-узбе́кски 우즈벡식 볶음밥	250гр.	160р.
Ма́нты 만두	300гр.	180р.
Бли́нчики дома́шние с мя́сом 가정식 고기 블린	250гр.	120р.
Бли́нчики с гри́бами 버섯 블린	250гр.	120р.

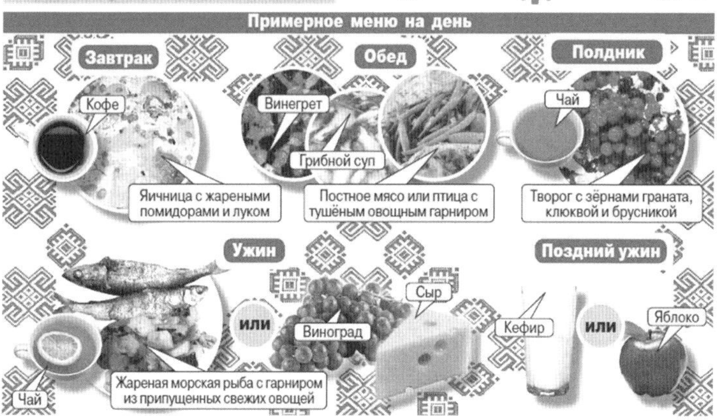

〈메뉴[18]〉

18 https://images.yandex.ru/yandsearch/меню, русская кухня

제16장 Я зна́ю, что он ско́ро бу́дет.

ТЕМА 접속사를 이용한 종속복문

Я зна́ю, кто это. 나는 이 사람이 누구인지 안다.

Я зна́ю, что это. 나는 이것이 무엇인지 안다.

Я зна́ю, где нахо́дится э́тот музе́й.
나는 이 박물관이 어디에 있는지 안다.

Я не понима́ю, о ком он говори́т.
그가 누구에 대해 말하는지 나는 이해가 안 된다.

ГРАММАТИКА

1. 접속사를 이용한 종속복문

한 개 이상의 단문으로 구성된 문장을 복문이라고 하는데 여기에는 병립복문과 종속복문이 있다. 병립복문은 각 문장이 서로에게 종속되지 않고 접속사 'и, но, а, однако́, и́ли' 등에 의해 서로 대등하게 연결된 문장을 말한다. 종속복문이란 주절과 종속절로 구성되어 이들이 서로 종속관계를 지니는 문장이다. 여기에서 종속절은 주절의 의미를 연결하기 위해 적절한 관계대명사나 관계부사를 접속사로 사용하는데, 이들은 문장에서 종속절의 주어나 보어의 역할을 한다. 즉, 여기에 사용되는 접속사는 문장의 성분으로 기능한다. 이 경우 관계대명사는 주절의 요구에 따라 격변화를 하며, 관계부사는 격변화하지 않는다.

(1) 접속사로서의 관계대명사 кто, что, чей, какóй.

접속사 'кто, что'로 인도되는 종속절은 주절의 보어나 주어의 뜻을 명확하게 해주는 역할을 한다. 이러한 문장에서 кто는 사람에 대해 묻고자 할 때 사용되고, что는 어떤 사실이나 감정, 사고, 내용 등을 전달하거나 진술할 때 사용된다. 반면 'чей(чьё, чья, чьи)나 какóй (какóе, какáя, какúе)'로 인도되는 종속절에서 이들 접속사는 자신의 뒤에 나오는 명사를 한정하는 정어적(定語的)종속절을 형성한다. 이들 접속사는 자신의 절에서 요구되는 성, 수, 격에 따라서 변화하고 필요한 경우에는 전치사를 수반하기도 한다.

다음 예문을 통해 접속사의 사용법과 의미를 살펴보자.

Я не знáю, кто нам бýдет помогáть.
누가 우리를 도와줄지, 나는 모른다.

Я не знáю, когó ты лю́бишь.
네가 누굴 사랑하는지, 나는 모른다.

Я не знáю, комý ты пúшешь.
네가 누구에게 쓰는지, 나는 모른다.

Я не знáю, с кем ты игрáешь.
네가 누구랑 노는지, 나는 모른다.

Я не знáю, о ком он говорúт.
그가 누구에 대해 말하는지, 나는 모른다.

Я не знáю, что я должнá дéлать дáльше.
앞으로 내가 무엇을 해야 하는지, 나는 모른다.

Я не знáю, чегó ты боúшься.
네가 뭘 두려워하는지, 나는 모른다.

Я не знáю, к чемý ты подошёл.
네가 무엇에 다가갔는지, 나는 모른다

Я не зна́ю, о чём он говори́л.
그가 무엇에 대해 말했는지, 나는 모른다.

Я не зна́ю, чей э́то слова́рь.
이것이 누구의 사전인지, 나는 모른다.

Я не зна́ю, чьё э́то ме́сто.
이것이 누구의 자리인지, 나는 모른다.

Я не зна́ю, чья э́то книга.
이것이 누구의 책인지, 나는 모른다.

Я не зна́ю, чьи э́то де́ньги.
이것이 누구의 돈인지, 나는 모른다.

Я не зна́ю, к чьему́ до́му я ходи́л.
누구의 집에 갔는지, 나는 모른다.

Я не зна́ю, чью книгу я взял.
내가 누구의 책을 가져갔는지 모른다.

Я не зна́ю, с чьей ма́терью я рабо́тал.
내가 누구 엄마랑 일했는지 모른다.

Я не зна́ю, о чьей оде́жде ты говори́шь.
네가 누구의 옷에 대해 말하는지 난 모른다.

Я не зна́ю, како́й слова́рь тебе́ ну́жен.
너한테 어떤 사전이 필요한지, 나는 모른다.

Я не зна́ю, кака́я де́вушка бу́дет там.
어떤 아가씨가 저기에 있을지, 나는 모른다.

Я не зна́ю, на како́е о́зеро он уе́хал.
그가 어떤 호수로 떠났는지, 나는 모른다.

Я не зна́ю, в како́й библиоте́ке мо́жно найти́ э́тот уче́бник.
이 교재를 어떤 도서관에서 찾을 수 있는지, 나는 모른다.

(2) 접속사로서의 관계부사 где, куда́, отку́да, когда́.

접속사 'где, куда́, отку́да, когда́'는 정어적 종속문을 이끌며 종속문에서 상황어의 기능을 한다. 이들 'где, куда́, отку́да'는 장소를 나타내는 종속복문에서 사용되는 접속사로 종속절의 행위가 발생하는 장소나 방향, 출처 등을 나타낸다. 반면 когда́는 시간을 나타내는 종속복문에서 사용되며 종속절의 행위가 시간과 관계되었을 때 사용된다.

다음 예문을 읽고 해석하면서 관계부사절의 사용법을 익히자.

Я не зна́ю, где он живёт.
그가 어디에서 사는지, 나는 모른다.

Я не зна́ю, куда́ она́ шла.
그녀가 어디로 갔는지, 나는 모른다.

Я не зна́ю, отку́да они прие́хали.
그들이 어디에서 왔는지, 나는 모른다.

Я не зна́ю, когда́ бу́дет заня́тие.
수업이 언제 있는지, 나는 모른다.

Недалеко́ от сю́да, где я родила́сь и вы́росла.
내가 태어나고 자란 곳은 여기서 멀지 않다.

Когда́ мы возвраща́лись домо́й, шёл дождь.
우리가 집으로 돌아올 때 비가 왔다.

(3) 종속복문을 이끄는 주절의 술어

관계대명사 кто, что, чей, како́й나 관계부사 где, куда́, отку́да, когда́를 접속사로 이끄는 주절의 동사들은 보통 전달, 담화, 사고, 지각, 감정 등의 뜻을 가지고 있다.

говори́ть	말하다	я́сно	명백하다
спра́шивать	질문하다	изве́стно	알려져 있다
отвеча́ть	대답하다	поня́тно	이해하다
знать	알다	ви́дно	보이다
понима́ть	이해하다	интере́сно	재미있다
по́мнить	기억하다		
объясни́ть	설명하다		

Он сказа́л, что за́втра бу́дет хо́лодно.
그가 내일은 춥겠다고 말했다.

Я по́мню, что он сказа́л обо мне.
그가 나에 대해서 말했던 것을 난 기억한다.

Мне о́чень интере́сно, чей это чемода́н.
이것이 누구의 가방인지 매우 흥미롭다.

2. 관계대명사의 격변화

(1) кто, что의 격변화

кто(누구)는 사람을 나타내는 단어이므로 격변화시 생격과 대격의 형태가 동일하다. 그러나 что(무엇)는 사물을 나타내는 단어이므로 주격과 대격의 형태가 동일하다.

격변화	Кто	Что
주격	кто	что
생격	кого́	чего́
여격	кому́	чему́
대격	кого́	что
조격	кем	чем
전치격	о ком	о чём

(2) чей(чьё, чья, чьи), какóй, какóе, какáя, каки́е의 격변화

чей, чьё, чья, чьи(누구의)와 какóй, какóе, какáя, каки́е(어떤)는 명사를 한정해주는 역할을 할 뿐만 아니라, 의문사의 기능을 할 경우 소유대명사나 형용사로 답을 할 수 있다. 이들의 격변화는 형용사의 격변화와 유사하다.

격변화	Чей	Чьё	Чья	Чьи
주격	чей	чьё	чья	чьи
생격	чьегó	чьегó	чьей	чьих
여격	чьемý	чьемý	чьей	чьим
대격	чей/чьегó	чьё	чью	чьи/чьих
조격	чьим	чьим	чьей(ею)	чьи́ми
전치격	о чьём	о чьём	о чьей	о чьих

격변화	Какóй	Какóе	Какáя	Каки́е
주격	какóй	какóе	какáя	каки́е
생격	какóго	какóго	какóй	каки́х
여격	какóму	какóму	какóй	каки́м
대격	какóй/какóго	какóе	какýю	каки́е/каки́х
조격	каки́м	каки́м	какóй	каки́ми
전치격	о какóм	о какóм	о какóй	о каки́х

3. 서술부사 Нýжно, Нáдо, Мóжно, Жаль, Нельзя́, Трýдно ...

주절에 나타나는 술어부사 нýжно(필요하다), нáдо(필요하다), мóжно(가능하다), жаль(유감이다), нельзя́(금지하다), трýдно(어렵다), легкó(쉽다), интерéсно(재미있다), полéзно(유익하다), прия́тно(기쁘다) 등

은 무인칭문의 술어로 사용되는데 이때 의미상으로 주어의 기능을 하는 주체는 여격(кому́)의 형태로 나타나며 술어부사와 결합하는 동사는 동사원형이 온다.

Мне ну́жно(на́до) писа́ть письмо́.
나는 편지를 써야 한다.

Мо́жно войти́?
들어가도 됩니까?

Мне о́чень жаль.
매우 유감입니다.

Здесь нельзя́ кури́ть.
여기서는 담배를 피우면 안된다.

Нам тру́дно пра́вильно говори́ть по-ру́сски.
우리들은 정확하게 러시아어를 하기가 어렵다.

Мне легко́ чита́ть э́тот текст.
나에겐 이 텍스트를 읽는 것이 쉽다.

Ей интере́сно слу́шать э́ту му́зыку.
그녀는 이 음악을 듣는 것이 재미있다.

위 문장들에서는 시제를 표시하는 단어가 찾아볼 수 없다. 이처럼 시제를 나타내는 단어가 없으면 현재시제이다. 그러나 미래와 과거시제는 быть동사를 활용하여 시제를 표시한다.

다음 문장들을 읽고 해석하면서 접속사의 사용법을 익혀보자.

Я зна́ю, где нахо́дится гла́вное зда́ние.
나는 본관이 어디에 있는지 안다.

Мне изве́стно, куда́ он пошёл.
그가 어디로 갔는지 나는 알고 있다.

Пока́ я не зна́ю, отку́да Мари́на прие́хала.
마리나는 어디에서 왔는지 나는 아직 모른다.

Мне изве́стно, когда́ она́ прие́хала.
그녀가 언제 오는지 나는 알고 있다.

Вчера́ он был там, где рабо́тает оте́ц.
어제 그는 아버지가 일하시는 곳에 있었다.

Брат написа́л, что он прие́дет во вто́рник.
오빠는 그가 화요일에 도착한다고 썼다.

Я слы́шала, что за́втра бу́дет заня́тие.
나는 내일 수업이 있을 것이라고 들었다.

Ты зна́ешь, кто придёт за́втра?
너는 내일 누가 오는지 알고 있니?

Анто́н заме́тил, кого́ я люби́ла.
안톤은 내가 누구를 사랑하는지 알아챘다.

Я зна́ю, како́е ме́сто тебе́ ну́жно.
나는 네게 어떤 자리가 필요한지 안다.

Он сказа́л, в како́й библиоте́ке я могу́ взять кни́гу
그는 내가 어느 도서관에서 책을 빌릴 수 있는지 말했다.

다음 대화문을 살펴본 후 유사한 대화문을 만들어 보자.

Анто́н: Ой! Приве́т! На́стя! Серге́й!
Как дела́?
오! 나스쨔! 세르게이! 안녕?
어떻게 지내?

Серге́й: Спаси́бо. У меня́ хорошо́. Как у тебя́?
고마워. 나는 잘 지내고 있어. 너는?

Анто́н: У меня́ то́же норма́льно. А! Сего́дня у нас но́вости (Есть све́жие но́вости). Вы зна́ете, кто сего́дня придёт в университе́т?
나도 잘 지내고 있어. 아! 오늘 새로운 소식이 있어. 오늘 학교에 누가 오는지 아니?

Сергéй: Нет, не знáю. Кто придёт?
아니. 모르는데? 누가 오는데?

Антóн: Преподавáтель сказáл, что сегóдня придёт извéстная актрúса Ким Тэ Хи.
오늘 유명한 배우 김태희 씨가 온다고 선생님께서 말씀하셨어.

Сергéй: Не...... мóжет быть. Все знáют, что я люблю́ её.
설마...... 아니겠지? 내가 그녀를 좋아하고 있다는 것은 모두가 알고 있어.

Антóн: Я тóже óчень люблю́ её. Онá дéвушка моéй мечты́.
나 역시 그녀를 매우 좋아해. 그녀는 나의 이상형이야.

Нáстя: Порá идтú.
Жаль трáтить врéмя на такýю ерундý.
Покá!
가야할 때군.
이런 쓸데없는 말로 시간을 낭비하는 것은 안타까운 일이야.
안녕!

ВЫРАЖЕНИЯ

Добрó пожáловать в Москвý.	모스크바에 오신 것을 환영합니다.
Откýда ты? Откýда ты приéхал?	너는 어디에서 왔니? 너는 어느 나라에서 왔니?
Я из Корéи. Я приéхал из Корéи.	나는 한국에서. 나는 한국에서 왔어.
Расскажúте пожáлуйста, о Корéе.	한국에 대해서 말해주세요.
Корéя — это мáленькая, но красúвая странá.	한국은 작지만 아름다운 나라입니다.
Я тóже хочý поéхать тудá.	저도 그곳에 가고 싶습니다.

СЛОВАРЬ

лежáть 눕다	роди́ться 태어나다
éздить (타고) 다니다	вы́расти 자라다, 증가하다
принести́ 가져오다	возвращáться 되돌아오다
соверши́ть 완성하다. 완수하다	дождь 비 男
докумéнт 서류	помогáть 돕다
уéхать 떠나다	дóлжен(должнá, должнó, должны́)
верну́ться 돌아오다	~해야 한다
взять 잡다, 쥐다	найти́ 찾다
покá 아직(때)	ну́жно 필요하다
написáть (다)쓰다	нáдо 필요하다
замéтить 알아채다	мóжно 가능하다
текст 본문(텍스트)	жаль 유감이다
прáвильно 올바르게	нельзя́ 금지하다
молокó 우유	тру́дно 어려다
недалекó 멀지않게	лéгко 쉽다
сюдá 이쪽으로	интерéсно 재미있다
отку́да 어디에서 부터	полéзно 유익하다
грипп 독감	трáтить 소비하다
просту́да 감기	скóро 곧, 바로, 빨리
дáльше 더 멀리	боя́ться 두려워하다
ерундá 무의미한 것	мечтá 염원, 숙원

УПРАЖНЕНИЯ 다음을 러시아어로 쓰고 말하시오.

① 그는 그의 친구가 어디로 가는지 몰랐다.

____

② 나는 누가 이것을 완수했는지 알고 있다.

____

③ 나스쨔는 그가 어디로 떠나는지 보았다.

____

④ 너는 붉은 광장이 어디에 있는지 아니?

____

⑤ 그는 독감에 걸렸다. 그는 누워있어야 한다.

____

⑥ 대학교에 자동차를 타고 다녀도 됩니까?

____

⑦ 내일 돈을 가져올 수 있습니까?

____

⑧ 트램에서는 금연입니다.

____

⑨ 예브게니에게 서류를 주어야합니다.

____

⑩ 이것이 누구의 자리인지 몰랐다.

____

СОВРЕМЕННАЯ КУЛЬТУРА В РОССИИ
- 모스크바 패스와 상뜨-뻬쩨르부르그 카드
(Moscow Pass и Ка́рта го́стя Санкт-Петербу́рга)

모스크바 패스(Moscow Pass)는 모스크바 관광객들을 위한 방문자 투어카드이다. 이 카드가 있으면 역사박물관, 성 바실리 성당, 1812년 조국전쟁 기념관, 러시아 현대사 박물관, 푸쉬킨 박물관, 러시아 이콘 박물관, 보드카 역사 박물관, 깔로멘스꼬예 박물관 등의 모스크바 내 34개의 박물관과 2층 버스 투어, 모스크바 강 유람선 관광 등과 같은 4개의 시티 투어 프로그램을 무료로 이용할 수 있다. 또한 모스크바 내 유명 레스토랑과 음식점 중 제휴된 곳을 할인된 가격으로 이용할 수 있다. 모스크바 패스는 <음악가 패스>와 <작가 패스>로 구분되어 전체 박물관을 카테고리에 따라 20개씩 나누어 놓았다. 그러나 모스크바 관광에서 빼놓을 수 없는 곳들은 공통으로 포함시켜 놓았다. 이들 패스는 1일권(1999루블), 3일권(3999루블), 5일권(4999루블)으로 나뉘어 있는데 1일권에는 모스크바 유람선 관광은 제외되어 있으니 자신의 여행 스타일에 따라 신중하게 선택해야 한다. 자세한 사용방법과 내용은 웹사이트 https://moscowpass.com에서 찾아볼 수 있다.

상뜨-뻬쩨르부르그를 여행하려는 이들을 위한 투어카드는 뻬쩨르부르그 패스(Piter Pass)와 상뜨-뻬쩨르부르그 방문자 카드(ка́рта го́стя Санкт-Петербу́рга) 2개가 있다. 그러나 상뜨-뻬쩨르부르그 방문자 카드가 선택의 폭이나 가격 면에서 월등하다. 뻬쩨르부르그 관광카드는 피의 사원, 이삭성당, 뻬뜨로빠블롭스키 요새 등 유명 관광지를 포함 52개의 박물관을 무료로 관람할 수 있으며 2층 버스 시티 투어, 드네프르 강 유람선 광광 등 육로와 해상 관광을 다양하게 즐길 수 있다. 또한 다양한 할인 혜택이 주어지는데 특히 전동 스쿠터 "헤그웨이"를 저렴하게 빌려 도시를 관광할 수 있는 것도 커다란 매력 중 하나이다. 뻬쩨르부르그 방문자 카드는 카드 뒷면에 유효기간이 명시되어 있고 함께 제공되는 안내책자에 있는 쿠폰을 잘라내서 같이 이용해야 한다. 또한 이 카드는 교통카드로도 이용할 수 있는데 잔액이 없을 시 충전하여 사용하면 된다. 상뜨-뻬쩨르부르그 방문자 카드의 종류는 2일 권(48시간, 2300루블), 3일 권(72시간, 3200루블), 5일 권(120시간, 4000루블), 7일 권(168시간, 4600루블, 2015년 9월 기준)이 있는데 자신이 머무는 날짜를 고려하여 선택하는 것이 좋다. 자세한 사용방법과 내용은 웹사이트 https://moscowpass.com, http://petersburgcard.com에서 찾아볼 수 있다.

〈모스크바 패스〉

〈뻬쩨르부르그 패스〉

〈상뜨-뻬쩨르부르그 방문자 카드〉

〈무인카드충전기〉

〈상뜨-뻬쩨르부르그 방문자 카드〉

〈헤그웨이[19]〉

19 https://yandex.ru/images/search/moscowpass, petersburgcard, сегвей

제17장 Я ходи́ла в университе́т пешко́м.

TEMA 운동동사 사용하기

Я иду́ в университе́т. 나는 대학교에 간다.

Я хожу́ в университе́т. 나는 대학에 다닌다.

Я е́ду в университе́т на велосипе́де.
나는 자전거를 타고 대학교에 간다.

Я е́зжу в университéт на велосипе́де.
나는 자전거를 타고 대학교에 다닌다.

ГРАММАТИКА

1. 운동동사 идти́ - ходи́ть

어떤 방향을 향해 이동하는 의미를 갖는 동사를 '이동동사'라고 한다. 여기에서는 '걸어가다, 다니다'의 의미를 지닌 'идти́, ходи́ть' 동사를 살펴볼 것이다. 러시아어에서는 걸어서 움직이는지, 무엇인가를 타고 움직이는지에 따라 동사를 구분하여 사용한다. 또한 걸어서 움직일 때도 1회성의 한 방향으로의 움직임인지, 아니면 왕복 또는 여러 방향으로 여러 번 움직이는지에 따라 동사를 구분하여 사용한다. 운동동사는 운동 방향의 목적지에 해당하는 장소를 표현할 때 전치사 в나 на와 함께 대격을 지배한다.

운동동사 'идти́, ходи́ть'는 모두 '걸어가다' 의 의미를 가진 동사이나 идти́는 일정 방향을 향해 진행 중인 1회성을 의미하는 정태동사이며, ходи́ть는 일정치 않은 방향을 여러 차례 왔다 갔다 하는 반복과정이나 왕복이동을 의미하는 부정태 동사이다.

Куда́ идти́? 정태동사	**Куда́ ходи́ть?** 부정태동사
정해진 일정 방향 → 1 раз сего́дня, сейча́с 등	여러 방향, 왕복 ↔ мно́го раз, но́рма обы́чно, всегда́, ка́ждый день, ча́сто 등
идти́ (걸어서) 가다. Я иду́ на рабо́ту. 나는 (지금) 회사에 걸어간다.	ходи́ть (걸어서) 다니다. Я хожу́ на рабо́ту. (보통) 나는 회사에 걸어 다닌다.

Идти́ / Ходи́ть в/на 목적지 대격

(1) идти́ - ходи́ть 동사변화

인칭/동사원형	идти́	ходи́ть
Я	иду́	хожу́
Ты	идёшь	хо́дишь
Он/Она́	идёт	хо́дит
Мы	идём	хо́дим
Вы	идёте	хо́дите

Они́	иду́т	хо́дят
과거형	Он шёл Она́ шла́ Они́ шли́	Он ходи́л Она́ ходи́ла Они́ ходи́ли
명령형	иди́(те)	ходи́(те)

다음 예문을 통해 운동동사의 사용법을 익혀보자.

Куда́ вы (сейча́с) идёте?
당신은 (지금)어디에 가십니까?

Я иду́ на конце́рт в консервато́рию.
저는 음악원 연주회에 가고 있어요.

Куда́ вы ходи́ли вчера́ ве́чером?
어제 저녁에 당신은 어디에 다녀왔습니까?

Я ходи́ла на конце́рт в консервато́рию.
저는 음악원 연주회에 다녀왔어요.

Куда́ он идёт?
그는 어디로 갑니까?

Он идёт на рабо́ту.
그는 직장에 갑니다.

Куда́ он хо́дит ка́ждый день?
그는 매일 어디에 갑니까?

Ка́ждый день он хо́дит на рабо́ту.
그는 매일 직장에 다녀요.

Куда́ она́ ходи́ла вчера́?
어제 그녀는 어디에 다녀왔습니까?

Вчера́ она́ ходи́ла в теа́тр.
어제 그녀는 극장에 갔다 왔습니다.

Ребёнок уже́ хо́дит?
아이는 벌써 걸어 다닙니까?

Да, ребёнок уже хо́дит.
네, 아이는 이미 걸어 다닙니다.

Вчера́ ты был в шко́ле?
어제 너는 학교에 갔었니?

Нет, я не ходи́л в шко́лу.
아니, 나는 학교에 가지 않았어.

Отку́да вы идёте?
당신은 어디에서 오시나요?

Я иду́ из шко́лы.
저는 학교에서 옵니다.

(2) 그 외 표현

눈, 비와 같은 자연현상, 흥행물, 시계, 의상, 대중교통수단 등과 관련된 표현에서 이동동사 'идти́/ходи́ть'를 사용할 수 있으니 기억해 두자.

Дождь/Снег идёт. 비/눈이 내린다.
Фильм/Спекта́кль идёт. 영화/연극이 상영 중이다.
Разгово́р идёт. 대화가 진행 중이다.
Вре́мя идёт. 시간이 간다.
По́езд/Трамва́й/Тролле́йбус/Авто́бус идёт.
기차/전차/트롤리부스/버스가 간다.
Часы́ иду́т. 시계가 간다.

2. 운동동사 е́хать - е́здить

이동동사 'е́хать, е́здить'는 '(타고)가다, (타고)다니다'의 의미를 가진

동사이다. 그런데 éхать는 идти́처럼 무엇인가를 타고 일정 방향을 향해 진행하는 단일 과정(1회성)을 의미하는 정태동사이며, éздить는 '무엇인가를 타고 여러 방향으로 여러 번 왔다 갔다 하는 과정(반복성)이나 왕복운동'을 의미하는 부정태 동사이다. 이 동사 역시 Куда́?에 대한 답으로 사용하며 목적지는 전치사 в나 на와 함께 대격을 사용한다.

Куда́ éхать? 정태동사	**Куда́ éздить?** 부정태동사
éхать (타고) 가다 1방향, 1회 сегóдня, сейчáс 등	éздить (타고) 다니다 여러 방향, 왕복 (мнóго раз, нóрма) обы́чно, всегдá, кáждый день, чáсто 등
Я éду в теáтр автóбусом (на автобусе). 나는 지금 버스로 극장에 간다.	Я éзжу в теáтр автóбусом (на автобусе). 나는 보통 극장에 버스를 타고 다닌다.

(1) éхать - éздить 동사변화

인칭/원형	**éхать**	**éздить**
Я	éду	éзжу
Ты	éдешь	éздишь
Он/Онá	éдет	éздит
Мы	éдем	éздим
Вы	éдете	éздите
Они́	éдут	éздят
과거형	Он éхал Онá éхала Они́ éхали	Он éздил Онá éздила Они́ éздили
명령형	поезжáй(те)	éзди(те)

다음 예문을 통해 **éхать/éздить**의 사용법을 살펴보자.

Кудá ты (сейчáс) éдешь? Я éду на рабóту.	넌 지금 어디 가니? 난 직장에 가.
На чём вы éздите в институ́т? Обы́чно я éзжу в институ́т на маши́не.	당신은 연구실에 무엇을 타고 다닙니까? 나는 보통 연구실에 자동차로 다닙니다.
Вы éздили в шкóлу? Да, я ужé éздил в шкóлу.	당신은 학교에 (타고)다녀왔습니까? 네, 저는 이미 학교에 다녀왔습니다.
Кудá ты éдешь сегóдня? Сегóдня я éду на Урáл.	당신은 오늘 어디 가십니까? 오는 난 우랄지방에 갑니다.
Откýда он éдет? Он éдет из гóрода.	그는 어디서 오나요? 그는 도시에서 옵니다.

(2) 동사 ходи́ть, бывáть, быть

ходи́ть + кудá = бывáть + где	
Он чáсто хóдит в библиотéку. Он чáсто бывáет в библиотéке.	그는 도서관에 자주 간다. 그는 자주 도서관에 있곤 한다.
ходи́ть + к комý = бывáть + у когó	
Он чáсто хóдит к дрýгу. Он чáсто бывáет у дрýга.	그는 친구한테 자주 간다. 그는 친구한테 자주 있곤 한다.
ходи́ть + кудá = быть + где	
Вчерá я ходи́л в библиотéку. Вчерá я был в библиотéке.	어제 나는 도서관에 갔었어. 어제 나는 도서관에 있었어.
ходи́ть + к комý = быть + у когó	
Вчерá я ходи́л к дрýгу. Вчерá я был у дрýга.	어제 나는 친구한테 갔었어. 어제 나는 친구한테 있었어.

동사 бывáть와 быть 사용의 의미상 차이는 бывáть는 언제인지 정확하지 않을 때 사용하는 데 반해 быть는 언제인지 정확하게 말할 때 사용한다.

Я ра́ньше быва́л на рабо́те.(=я ходи́л на рабо́ту.)

Вчера́ я был на рабо́те.(=Я ходи́л на рабо́ту.)

다음 대화문을 살펴본 후 유사한 대화문을 만들어 보자.

Ната́ша: Са́ша! Приве́т! Куда́ ты идёшь?
사샤! 안녕! 어디 가니?

Са́ша: Приве́т! Сейча́с я иду́ в библиоте́ку.
안녕! 지금 도서관에 가.

Ната́ша: Сего́дня у тебя́ нет заня́тий?
오늘 수업 없니?

Са́ша: Да, у меня́ нет заня́тий. Я хочу́ взять кни́гу в библиоте́ке.
맞아. 수업 없어. 나는 도서관에서 책을 빌리고 싶어.

Ната́ша: Каку́ю кни́гу ты хо́чешь прочита́ть?
어떤 책을 읽고 싶니?

Са́ша: Анну Каре́нину Толсто́го. Я о́чень люблю́ чита́ть рома́ны Толсто́го.
톨스토이의 안나 카레리나. 나는 톨스토이의 소설 읽는 것을 정말 좋아해.

Ната́ша: Ой! Молоде́ц! Ну, тогда́ пока́! Ещё уви́димся!
오! 대단해! 그럼 안녕! 또 보자!

Са́ша: Пока́! До встре́чи!
다시 만날 때까지 안녕!

ВЫРАЖЕНИЯ

Приве́т! Я не о́чень по́здно?
안녕! 많이 안 늦었지?

Ну что вы! Сейча́с ещё де́тское вре́мя.
무슨 말씀을요. 아직 애들 시간인데요.

Совмести́ть прия́тное с поле́зным.
(одновре́менно сде́лать два дела)
즐겁고 유익하기까지 하네요.
(동시에 두 가지가 충족되는 것)

СЛОВАРЬ

увидеться 보다 рома́н 소설 быва́ть 있다. 일어나다 быть 있다. 일어나다 снег 눈 фильм 영화(필름) спекта́кль 연극 男 разгово́р 대화 поле́зно 유익하다 совмести́ть 결합하다. 겸하다 одновре́менно 동시에 пешко́м 걸어서	по́езд 기차 консервато́рия 음악원 обы́чно 보통(일반적으로) всегда́ 항상 ка́ждый день 매일 ча́сто 자주 рабо́та 일(직장) велосипе́д 자전거 Ура́л 우랄 прочита́ть (다)읽다 де́тский(ая, ое, ие) 어린이의

Упражнения 1 다음을 러시아어로 쓰고 말하시오.

① 매일 너는 어디에 다니니?

____

② 나는 직장에 자동차를 타고 다녀요.

____

③ 그녀는 걸어서 경기장에 갑니다.

____

④ 우리 버스가 오고 있어요.

____

⑤ 나는 집에 가는 중이에요.

____

⑥ 당신은 강의에 갔었어요?

____

⑦ 그쪽에 가지 마!

____

⑧ 아침에 비가 왔었어요.

____

⑨ 나는 붉은광장에 다녀왔습니다.

____

⑩ 벌써 10시야! 우리는 집에 가야 할 때야.

____

СОВРЕМЕННАЯ КУЛЬТУРА В РОССИИ
- 모스크바 시티버스 투어(Городски́е экску́рсии на двухэта́жном авто́бусе)

모스크바의 주요 관광지를 2층 관광버스로 둘러볼 수 있다. 모스크바 시티투어버스는 모스크바 주요 관광지를 연중무휴 순환운행하고 있으며, 노선에 따라 빨간버스와 녹색버스 2대가 운영되고 있다. 승차권은 1일권과 2일권, 2종류가 있으며 빨간버스의 경우 15-20분 정도, 녹색버스의 경우 30-40분 정도의 간격으로 운행되는데 버스 정류장 수는 빨간버스(№1)가 20여개, 녹색 버스(№2)가 30여개 있어 버스 승하차장에서 자유롭게 타고 내릴 수 있다. 또한 탑승 시 무료로 제공되는 이어폰으로 8개의 언어(러시아어, 영어, 스페인어, 독일어, 프랑스어, 이태리어, 중국어, 아랍어)가 지원되는 오디오 설명을 들을 수 있으며 모스크바 지도도 무료로 제공하니 유익하게 이용할 수 있다. 시티투어버스와 함께 모스크바 강 유람선 티켓도 함께 구매할 경우 할인을 받을 수 있다는 것도 기억해두자. 유람선 역시 자유롭게 타고 내릴 수 있어 매우 편리하다. 모스크바 시티버스 투어에 대한 자세한 안내는 웹사이트 http://city-sightseeing.ru/mow에서 찾아볼 수 있다.

가격	시티투어 2층 버스		모스크바강 유람선		시티투어 2층 버스 + 모스크바강 유람선
	1일권	2일권	1회권	1일권	2일권
성인(16–59세)	800루블	1000루블	700루블	900루블	1700루블
아동(5–15세)	800루블		400루블	500루블	1200루블

〈운행시간표〉(2015. 9월 기준)

여름 운행표(5월-10월):

평일: 10시 ~ 20시 15분

주말, 공휴일: 10시 ~ 21시30분

회차 버스(발로뜨나야 광장, с Болотной площади)

평일: 19:05(빨간버스 №1); 17:30(녹색버스 №2)

주말, 공휴일: 20:20(빨간버스 №1); 19:25(녹색버스 №2)

겨울 운행표(11월-4월):

평일: 10시 ~ 19시

주말, 공휴일: 10시 ~ 21시15분

회차 버스(발로뜨나야 광장, с Болотной площади)

평일: 17:50(빨간버스 №1); 17:30(녹색버스 №2)

주말, 공휴일: 19:05(빨간버스 №1); 19:25 (녹색버스 №2)

〈모스크바 시티버스〉

〈모스크바 버스투어 지도[20]〉

20 https://yandex.ru/images/search/city-sightseeing moscow

제18장 Пти́цы летя́т на юг.

ТЕМА 운동동사의 활용

Де́ти пла́вают в реке́. 아이들이 강에서 수영을 한다.

Де́ти плыву́т на друго́й бе́рег реки́.
아이들이 반대편 강변을 향해 헤엄쳐 가고 있다.

ГРАММАТИКА

1. 대표적 운동동사

운동동사는 어떤 방향을 향해 이동하는 의미를 갖는 동사군으로, 1회성의 한 방향으로의 이동인지, 아니면 왕복이동 또는 여러 방향으로의 이동인지에 따라 정태와 부정태 동사로 나뉜다.

정태동사 (일정 방향)	부정태동사 (왕복, 여러 방향)	의미
идти́	ходи́ть	걸어서 가다
е́хать	е́здить	타고 가다
нести́	носи́ть	(지니고) 가져가다
везти́	вози́ть	(차로) 운송하다, 태워가다
вести́	води́ть	데리고 가다, 안내하다
бежа́ть	бе́гать	달리다, 뛰어가다
лете́ть	лета́ть	날아가다
плыть	пла́вать	수영하다
ползти́	по́лзать	기어가다

Идти́–Ходи́ть
(걸어서)

Е́хать–Е́здить
(타고)

Бежа́ть–Бе́гать
(뛰어서)

Лете́ть–Лета́ть
(날아서)

Плыть–Пла́вать
(헤엄쳐서)

Ползти́–по́лзать
(기어서)

Вести́–Води́ть
(걸어서)
데리고 다니다

Нести́–Носи́ть
(안아서)
데리고 가다

Везти́–Вози́ть
(태워서)
데리고 가다

(1) нести́ - носи́ть, везти́ - вози́ть 동사변화

인칭	нести́	носи́ть	везти́	вози́ть
Я	несу́	ношу́	везу́	вожу́
Ты	несёшь	но́сишь	везёшь	во́зишь
Он/Она́	несёт	но́сит	везёт	во́зит
Мы	несём	но́сим	везём	во́зим
Вы	несёте	но́сите	везёте	во́зите
Они́	несу́т	но́сят	везу́т	во́зят
과거형	Он нёс Она́ несла́ Оно́ несло́ Они́ несли́	Он носи́л Она́ носи́ла Оно́ носи́ло Они́ носи́ли	Он вёз Она́ везла́ Оно́ везло́ Они́ везли́	Он вози́л Она́ вози́ла Оно́ вози́ло Они́ вози́ли
명령형	неси́(те)!	носи́(те)!	вези́(те)!	вози́(те)!

(2) вести́ - води́ть, бежа́ть - бе́гать 동사변화

인칭	вести́	води́ть	бежа́ть	бе́гать
Я	веду́	вожу́	бегу́	бе́гаю
Ты	ведёшь	во́дишь	бежи́шь	бе́гаешь
Он/Она́	ведёт	во́дит	бежи́т	бе́гает
Мы	ведём	во́дим	бежи́м	бе́гаем
Вы	ведёте	во́дите	бежи́те	бе́гаете
Они́	веду́т	во́дят	бегу́т	бе́гают
과거형	Он вёл Она́ вела́ Оно́ вело́ Они́ вели́	Он води́л Она́ води́ла Оно́ води́ло Они́ води́ли	Он бежа́л Она́ бежа́ла Оно́ бежа́ло Они́ бежа́ли	Он бе́гал Она́ бе́гала Оно́ бе́гало Они́ бе́гали
명령형	веди́(те)!	води́(те)!	беги́(те)!	бе́гай(те)!

(3) летéть - летáть, плыть - плáвать 동사변화

인칭	летéть	летáть	плыть	плáвать
Я	лечý	летáю	плы́ву	плáваю
Ты	лети́шь	летáешь	плывёшь	плáваешь
Он/Онá	лети́т	летáет	плывёт	плáвает
Мы	лити́м	летáем	плывём	плáваем
Вы	лети́те	летáете	плывёте	плáваете
Они́	летя́т	летáют	плы́вут	плáвают
과거형	Он летéл Она летéла Онó летéло Они́ летéли	Он летáл Она летáла Онó летáло Они́ летáли	Он плыл Она плы́ла Онó плы́ло Они́ плы́ли	Он плáвал Она плáвала Онó плáвало Они́ плáвали
명령형	лети́(те)!	летáй(те)!	плыви́(те)!	плáвай(те)!

다음 문장들을 읽고 해석하면서 그 의미를 비교해보자.

정 태	부정태
Дед Морóз везёт дéтям подáрки. 산타클로스는 아이들에게 선물을 가져다준다(썰매로 운반하다).	Мать вóзит сы́на в коля́ске. 어머니는 아들을 유모차로 데리고 다닌다.(유모차에 태워 다닌다)
Она несёт домóй докумéнты. 그녀는 집으로 서류들을 가져간다(걸어서 운반하다).	На заня́тия он нóсит с собóй словáрь. 그는 수업에 사전을 가지고 다닌다.(소지하고 (걸어)다닌다)
По ýлице идёт мать и ведёт за рýку дочь 어머니는 딸의 손을 이끌고 (데리고)가고 있다.	Мать хóдит на рабóту и вóдит дочь в дéтский сад. 어머니는 직장에 가면서 딸을 유치원에 데려다 준다.
Отéц éдет по ýлице на велосипéде и везёт мáленького сы́на. 아버지는 자전거를 타고 어린 아들을 데려다준다.	Отéц éздит на рабóту и вóзит мáленького сы́на в дéтский сад. 아버지는 직장에 가면서 어린 아들을 유치원에 데려다준다.

Пароход плывёт по реке. 강을 따라 여객선이 운항한다.	Дети плавают в озере. 호수에서 아이들이 수영한다.
Дети бегут по берегу. 강변을 따라 아이들이 뛰어간다.	Дети бегают по берегу. 강변을 따라 아이들이 뛰어다닌다.
Птицы летят на юг. 새들이 남쪽으로 날아가고 있다.	Птицы летают над водой. 새들이 물 위에서 날아다닌다.

2. 교통수단을 표현하는 방법

'버스, 택시, 자동차' 등의 교통수단을 나타낼 때는 운동동사와 함께 전치사 на를 사용한다. 그리고 교통수단의 명사는 전치격 형태로 쓰이며, '~을 타고'의 의미를 지닌다.

На чём он едет?	
ехать(ездить) + на + 교통수단(전치격) : ~을 타고 가다	
Он едет	на автобусе(на машине, на метро, на такси, на поезде, на трамвае, на троллейбусе, на мотоцикле, на лошади).

다음 대화문을 살펴본 후 정태-부정태동사를 사용하여 유사한 대화문을 만들어 보자.

Антон: Куда вы ведёте ребёнка?
당신은 어디로 아이를 데리고 가십니까?

Мария: Я веду его на приём к врачу.
저는 아이를 진찰받으러 의사에게 데려갑니다.

Антон: Почему? У него что-то болит?
왜요? 아이가 어디가 아픕니까?

Мари́я: У ребёнка боли́т живо́т.
아이에게 복통이 있어요.

Анто́н: О́чень жаль!
매우 안타깝군요.

Мари́я: Ничего́ стра́шного! Ско́ро всё бу́дет хорошо́. Обы́чно его́ во́дит к врачу́ моя́ сестра́, а сего́дня я.
아무 일도 아니에요. 곧 괜찮아질 거예요. 보통 나의 언니가 아이를 의사에게 데려가지만 오늘은 제가 데려다 줍니다.

ВЫРАЖЕНИЯ

손님을 맞는 표현(**Встре́ча посети́телей**)	
Добро́ пожа́ловать.	어서 오세요.
Прошу́ вас, входи́те(проходи́те).	들어오세요.
Пожа́луйста, располага́йтесь поудо́бнее.	자 편히 계셔주세요.
Пожа́луйста, чу́вствуйте себя как до́ма. Пожа́луйста, бу́дьте как до́ма.	자기 집처럼 여겨주세요. 집에서처럼 편히 계세요.
Сними́те пальто́, пожа́луйста.	외투를 벗으세요.
Дава́йте ва́ше пальто́(шля́пу).	외투(모자)를 벗으시죠.

СЛОВАРЬ

на друго́й бе́рег 다른 쪽 기슭
нести́(носи́ть) (걸어서) 운반하다
везти́(вози́ть) (차로) 운반하다
вести́(води́ть) 데리고 가다
бежа́ть(бе́гать) 달리다
лете́ть(лета́ть) 날아가다
плыть(пла́вать) 수영하다
Дед Моро́з 산타클로스
пода́рок 선물
коля́ска 유모차
с собо́й(자신이) 가지고
де́тский сад 유치원
парохо́д 선박
о́зеро 호수
над + 조격 ~ 위에
восто́к 동쪽
за́пад 서쪽
юг 남쪽
се́вер 북쪽
шля́па 모자

докуме́нт 서류	снять 벗다 떼어내다
обра́тно 거꾸로 반대로 뒤로	живо́т 배(복부)
зонт 우산	отдыха́ть 쉬다. 휴식하다
ры́ба 물고기	мотоци́кл 오토바이
пальто́ 외투	ло́шадь 말 女

УПРАЖНЕНИЯ 다음을 러시아어로 쓰고 말하시오.

① 나는 매일 직장에 걸어가서, 버스를 타고 돌아온다.

② 당신은 보통 어디로 쉬러갑니까?

③ 나는 걸어 다니는 것을 좋아합니다.

④ 그는 학교에 뛰어갑니다.

⑤ 아침마다 나의 오빠는 대학교에 뛰어갔다 옵니다.

⑥ 아이는 이미 걸어 다닙니다.

⑦ 그는 항상 우산을 가지고 다닙니다.

⑧ 물고기들이 헤엄치고 있습니다.

⑨ 나의 친구는 기슭 쪽을 향해 수영하고 있습니다.

⑩ 새들은 북쪽으로 날아갑니다.

СОВРЕМЕННАЯ КУЛЬТУРА В РОССИИ
- 뻬쩨르부르그 시티버스 투어
(Экскурсио́нная програ́мма «Сити Тур Санкт-Петербу́рг»)

상뜨-뻬쩨르부르그 시티투어버스는 상뜨-뻬쩨르부르그의 주요 관광지를 2층 관광버스로 둘러볼 수 있는 프로그램으로 2008년 개통되었다. 현재 6대의 빨간 이층버스가 운행 중이며 버스 내에는 10개국(러시아어, 영어, 독일어, 프랑스어, 스페인어, 이탈리아어, 중국어, 일본어, 스웨덴어와 핀란드어)의 언어로 설명을 들을 수 있다. 또한 정류장이면 어디든 원하는 곳에서 자유롭게 승하차(Hop-on – Hop-off 서비스)가 가능하여 편리하게 도시 관광을 할 수 있다. 티켓은 지정 구매처나 인터넷, 또는 버스에서 바로 구입할 수 있다.

가격	시티투어 2층 버스
성인	600루블
학생(12세 이상)	500루블
아동(7-11세) 6세 이하	300루블 무료

〈상뜨–뻬쩨르부르그 시티버스[21]〉

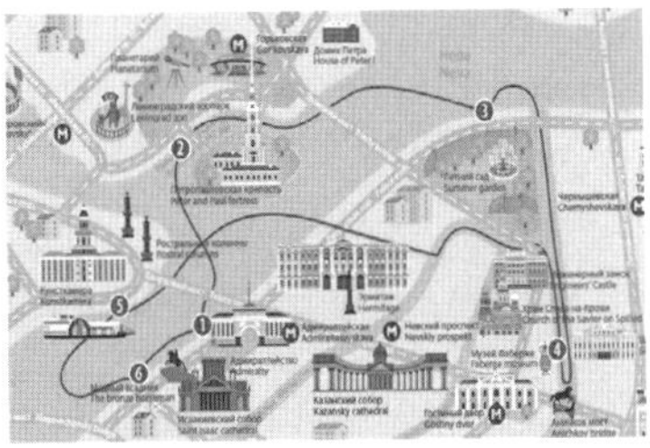

〈뻬쩨르부르그 버스투어 지도[22]〉

21 http://city-sightseeing.ru/led

22 https://yandex.ru/images/search/city-sightseeing петербург

제19장 Я приéхал из Корéи.

ТЕМА 접두사와 결합된 운동동사

Откýда вы? 당신은 어디에서 오셨습니까?

Я приéхал из Корéи. 저는 한국에서 왔습니다.

Мы приéхали с Урáла. 우리는 우랄에서 왔습니다.

ГРАММАТИКА

1. 접두사와 결합된 운동동사

앞서 배운 운동동사는 다양한 접두사들과 결합하여 방향의 의미를 여러 가지로 표현할 수 있는데 이때 접두사들에 의해 그 의미가 명확해진다.

〈접두사의 의미와 활용〉

접두사	의미	동사의 형태	
		불완료	완료
по-	행위의 시작이나 계획	идти́ éхать бежáть плыть	пойти́ поéхать побежáть поплы́ть
Он написáл письмó и пошёл на пóчту. Лéтом я поéду на мóре.			
при-	도착하는 행위(у-의 반대의미)	приходи́ть приезжáть приноси́ть привози́ть	прийти́ приéхать принести́ привезти́

<table>
<tr><td colspan="4">Вчера́ приéхал мой брат и привёз интерéсные кни́ги.</td></tr>
<tr><td>у-</td><td>떠나는 행위
(при-의 반대의미)</td><td>уходи́ть
уезжа́ть
улета́ть
уноси́ть</td><td>уйти́
уéхать
улетéть
унести́</td></tr>
<tr><td colspan="4">Бра́та нет до́ма. Он уéхал в Москву́.</td></tr>
<tr><td>в(во)-</td><td>밖에서 안으로의 이동
(вы-의 반대의미)</td><td>входи́ть
влета́ть</td><td>войти́
влетéть</td></tr>
<tr><td colspan="4">Пти́ца влетéла в ко́мнату.</td></tr>
<tr><td>вы-</td><td>안에서 밖으로의 이동, 잠시 동안의 부재(в-의 반대의미)</td><td>выходи́ть
выезжа́ть</td><td>вы́йти
вы́ехать</td></tr>
<tr><td colspan="4">Тури́сты вы́шли из лéса. Где Анто́н? Он вы́шел на мину́тку.</td></tr>
<tr><td>под
(подо)-</td><td>대상 쪽으로 접근하며 이동
(от-의 반대의미)</td><td>подходи́ть
подъезжа́ть
подплыва́ть</td><td>подойти́
подъéхать
подплы́ть</td></tr>
<tr><td colspan="4">Авто́бус подъéхал к остано́вке.</td></tr>
<tr><td>от(ото)-</td><td>대상에서 멀어지며 이동
(под-의 반대의미)</td><td>отходи́ть
отплыва́ть
относи́ть
отвози́ть</td><td>отойти́
отплы́ть
отнести́
отвезти́</td></tr>
<tr><td colspan="4">Кора́бль отплы́л от бéрега. Я отнёс кни́гу в библиотéку.</td></tr>
<tr><td>до-</td><td>목적지 도달, 목적 달성</td><td>доходи́ть
доезжа́ть
добега́ть</td><td>дойти́
доéхать
добежа́ть</td></tr>
<tr><td colspan="4">Мы дошли́ до Большо́го Теа́тра пешко́м.</td></tr>
<tr><td>за-</td><td>내친김에 행위가 잠시 동안 진행될 때</td><td>заходи́ть
заезжа́ть
забега́ть</td><td>зайти́
заéхать
забежа́ть</td></tr>
<tr><td colspan="4">По пу́ти домо́й я зашёл в магази́н. Я зашёл за дру́гом и мы пошли́ в парк. Он забежа́л ко мне на мину́тку.</td></tr>
<tr><td>пере-</td><td>한 장소에서 다른 장소로의 이동</td><td>переходи́ть
переезжа́ть
переплыва́ть
переноси́ть</td><td>перейти́
переéхать
переплы́ть
перенести́</td></tr>
</table>

Я перешёл че́рез у́лицу. Я перее́хал из Москвы́ в Коре́ю. Спортсме́н переплы́л ре́ку.			
про-	어떤 장소를 통과하는 이동	проходи́ть проезжа́ть проплыва́ть пролета́ть	пройти́ прое́хать проплы́ть пролете́ть
Он прошёл ми́мо магази́на. Я прошла́ че́рез пло́щадь. По́езд прое́хал 100км.			
об(обо)-	대상 주위를 돌거나 여러 장소를 이동	обходи́ть объезжа́ть	обойти́ объе́хать
Они объе́хали о́зеро. Я обошла́ все за́лы музе́я.			
с-	높은 곳에서 낮은 곳으로의 이동(вз-의 반대의미)	сходи́ть съезжа́ть	сойти́ съе́хать
Он сошёл с по́езда. Он съе́хал с горы́. Пти́ца слете́ла с де́рева на землю́.			
вз-	낮은 곳에서 높은 곳으로의 이동(с-의 반대의미)	взлета́ть взбега́ть	взлете́ть взбежа́ть
Пти́ца взлете́ла на де́рево. Он взбежа́л на пя́тый эта́ж.			
раз- ..ся	어떤 장소에서 여러 방향으로의 이동(с- ..ся의 반대의미)	расходи́ться разъезжа́ться	разойти́сь разъе́хаться
Друзья́ поговори́ли и разошли́сь по дома́м. Студе́нты разъе́хались на кани́кулы.			
с- ..ся	여러 곳에서 한 곳으로의 이동 (раз- ..ся의 반대의미)	сходи́ться съезжа́ться	сойти́сь съе́хаться
Студе́нты съе́хались в общежи́тие по́сле кани́кул.			

2. 접두사와 결합한 운동동사와 쌍을 이루는 전치사

접두사가 붙은 운동동사는 특정 전치사와 쌍을 이루어 그 의미가 더욱 명확해진다.

질문	접두사	전치사와 격	예문
Куда́? К кому́? За чем?	пойти́	в/на+대격, к+여격, за+조격	в университе́т, на по́чту, к врачу́, за хле́бом
Куда́? К кому́? Отку́да? От кого́?	прийти́	в/на+대격 к+여격 / из/с/от+ 생격	в университе́т, на по́чту, к врачу́, из университе́та, с по́чты, от вра́ча
Куда́? К кому́? Отку́да? От кого́?	уйти́	в/на+대격 к+여격 / из/с/от+ 생격	в университе́т, на по́чту, к вра́чу, из университе́та, с по́чты, от вра́ча
Куда́? К кому́?	войти́	в/на+대격, к+여격	в ко́мнату, на по́чту, к врачу́
Отку́да? Куда́? Откого́?	вы́йти	в/на+대격, из, от+생격	из кабине́та, от вра́ча, в коридо́р, на у́лицу
К чему́? К кому́?	подойти́	к+여격	к окну́, к преподава́телю
От чего́? От кого́?	отойти́	от+생격	от окна́, от преподава́теля
До чего́?	дойти́	до+생격	до теа́тра
Куда́? К кому́? За кем? За чем?	зайти́	в/на+대격, к+여격, за +조격	в магази́н, на по́чту, к дру́гу, за дру́гом, за кни́гой
Что? Че́рез что? Куда́?	перейти́ перее́хать	대격, че́рез+대격, в/н а+대격, из+생격	у́лицу, че́рез у́лицу, на другу́ю сто́рону, из Москвы́ в Коре́ю
Что? Ми́мо чего́? Че́рез что? Ско́лько?	пройти́	대격, ми́мо+생격, над /под+조격, че́рез+대 격	парк, ми́мо магази́на, над мосто́м, под мосто́м, че́рез лес, 30км
Что? Вокру́г чего́?	обойти́	대격, вокру́г+생격	го́род, вокру́г до́ма
Куда́?	разойти́сь	по+복수여격, в+대격	по дома́м, в ра́зные сто́роны
Куда́? Отку́да?	съе́хаться	в/на+대격, из+생격	в университе́т, на конфере́нцию, из ра́зных стран

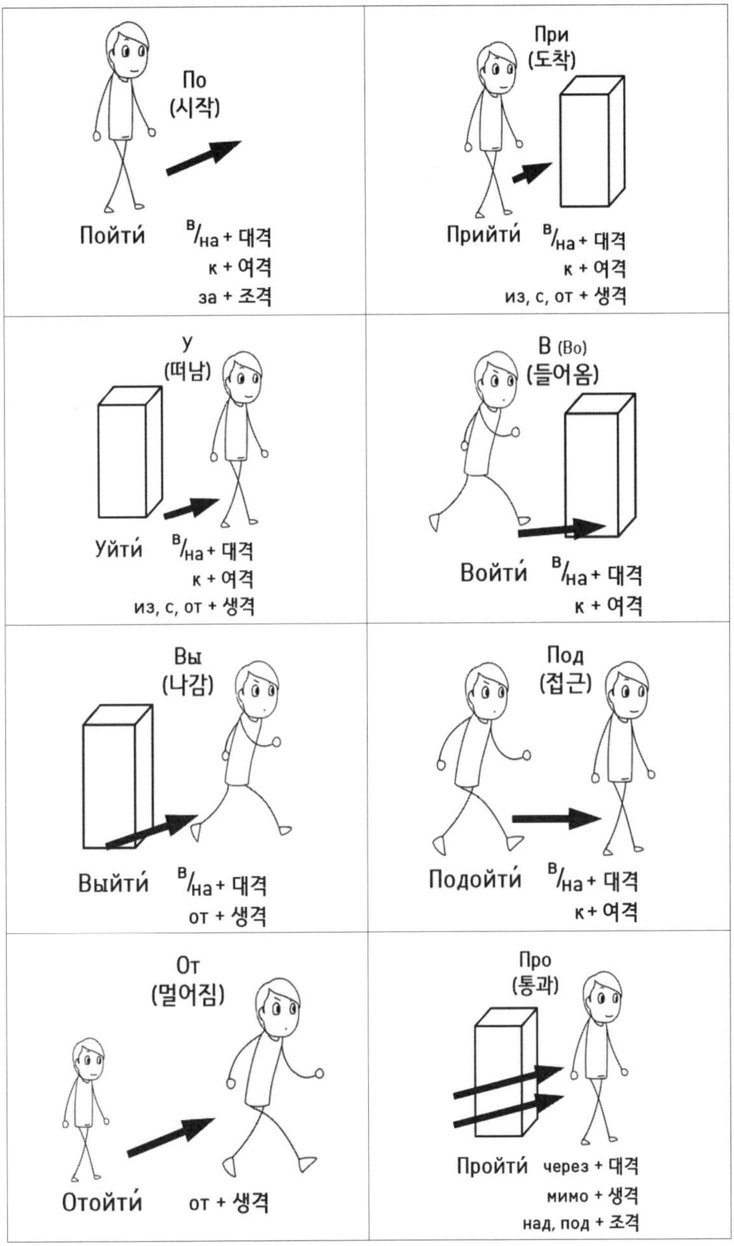
По
(시작)
Пойти́
в/на + 대격
к + 여격
за + 조격
При
(도착)
Прийти́
в/на + 대격
к + 여격
из, с, от + 생격
У
(떠남)
Уйти́
в/на + 대격
к + 여격
из, с, от + 생격
В (Во)
(들어옴)
Войти́
в/на + 대격
к + 여격
Вы
(나감)
Вы́йти
в/на + 대격
от + 생격
Под
(접근)
Подойти́
в/на + 대격
к + 여격
От
(멀어짐)
Отойти́
от + 생격
Про
(통과)
Пройти́
через + 대격
мимо + 생격
над, под + 조격

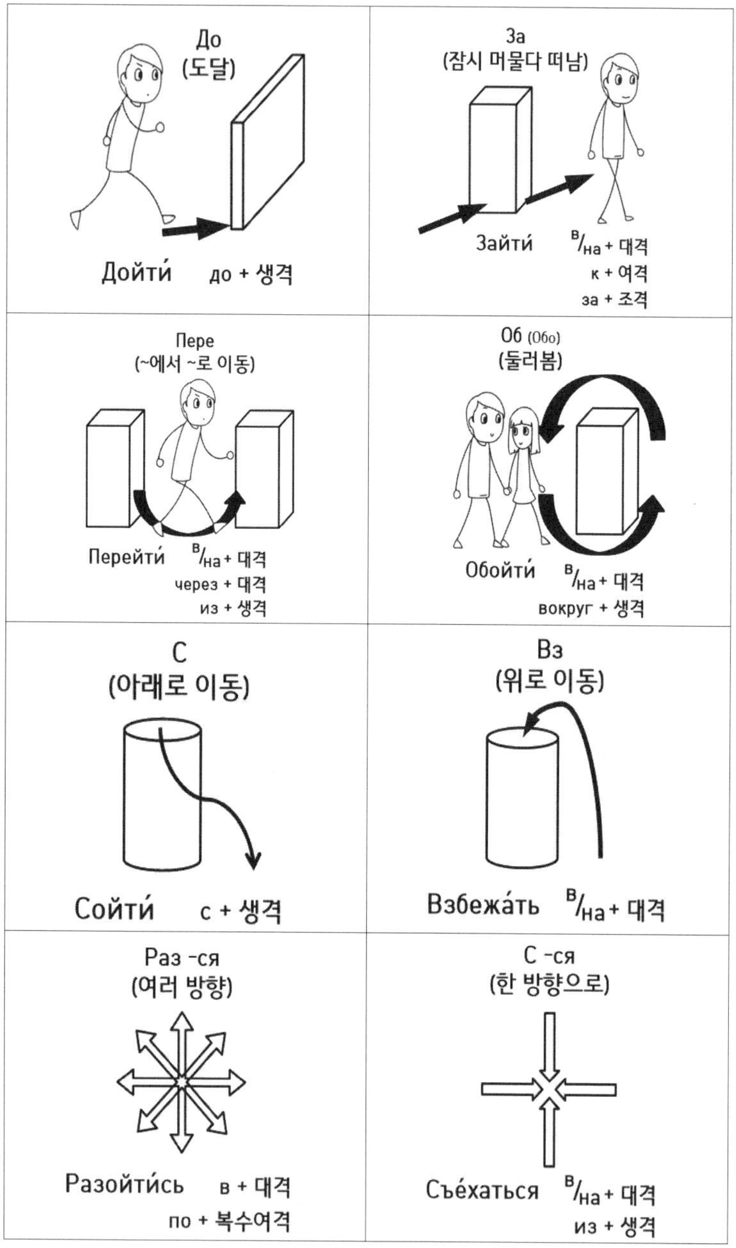
До
(도달)
Дойти́ до + 생격
За
(잠시 머물다 떠남)
Зайти́ в/на + 대격
к + 여격
за + 조격
Пере
(~에서 ~로 이동)
Перейти́ в/на + 대격
через + 대격
из + 생격
Об (Обо)
(둘러봄)
Обойти́ в/на + 대격
вокруг + 생격
С
(아래로 이동)
Сойти́ с + 생격
Вз
(위로 이동)
Взбежа́ть в/на + 대격
Раз -ся
(여러 방향)
Разойти́сь в + 대격
по + 복수여격
С -ся
(한 방향으로)
Съе́хаться в/на + 대격
из + 생격

다음 문장들을 읽고 해석하면서 그 의미를 비교해보자.

Я пришёл в теáтр(на концéрт, к дрýгу). Я ушёл из теáтра(с концéрта, от дрýга).	나는 극장에(연주회에, 친구에게) 도착했다. 나는 극장에서(연주회에서, 친구에게서) 떠났다.
Я вошёл в дом. Я вы́шел из дóма(на ýлицу, в коридóр).	나는 집으로 들어갔다. 나는 집에서(거리로, 복도로) 나왔다.
Я прошёл чéрез парк(под мостóм, ми́мо дóма).	나는 공원을 거쳐 (통과해서) 갔다.(다리 밑으로, 집 옆을)
Я перешёл (чéрез) ýлицу(на другýю стóрону, в другýю аудитóрию).	나는 거리를 건넜다.(다른 쪽으로, 다른 강의실로 이동했다.)
Я зашёл в магази́н(на пóчту, к дрýгу, за хлéбом).	나는 상점에(우체국에, 친구에게, 빵을 사러) 들렀다.
Я подошёл к окнý. Я отошёл от окнá. Я отнёс кни́ги в библиотéку.	나는 창문 쪽으로 다가갔다. 나는 창문에서 멀어졌다. 나는 도서관에 책을 가져다주었다.
Я обошёл вокрýг óзера.	나는 호수 주변을 돌았다.
Я сошёл со ступéней. Я взбежáл на вторóй этаж.	나는 계단에서 내려왔다. 나는 2층으로 뛰어올라갔다.
Я дошёл до дóма(за пóлчаса.)	나는 (30분 동안) 집까지 왔다.

다음 대화문을 살펴본 후 운동동사의 접두사를 사용하여 대화문을 만들어 보자.

Антóн: Здрáвствуйте! Э́то (звони́т) Антóн. Я друг Сергéя. Мóжно поговори́ть с ним?
안녕하세요? 저는 안톤이고 세르게이 친구입니다. 그와 통화할 수 있을까요?

Ма́ма: Приве́т, Анто́н! К сожале́нию его́ нет до́ма. Он ушёл в 10 часо́в.
안녕 안톤! 유감스럽게도 그는 집에 없어. 10시에 나갔단다.

Анто́н: Вы зна́ете, куда́ он пошёл?
그가 어디 갔는지 아세요?

Ма́ма: Коне́чно, он пошёл в музе́й. По-мо́ему Серге́й придёт домой в два часа́.
물론이지, 그는 박물관에 갔어. 내 생각에 세르게이는 2시에 집에 올 거야.

Анто́н: Тогда́ я перезвоню́ по́зже.
그럼 이따 다시 전화할게요.

Ма́ма: Хорошо́. Я ему́ скажу́, что ты звони́л.
그래, 내가 너한테 전화 왔다고 말할게.

Анто́н: Спаси́бо, до свида́ния!
감사합니다. 안녕히 계세요.

ВЫРАЖЕНИЯ

1. 무엇인가를 정중하게 요청할 때

Вы не могли́ бы говори́ть погро́мче?
조금 더 크게 말씀해 주시겠어요?

Вы не могли́ бы говори́ть поме́дленнее?
조금 더 천천히 말씀해 주시겠어요?

Я не о́чень хорошо́ говорю́ по-ру́сски
저는 러시아어를 잘하지 못해요.

2. 메모 남겨달라고 요청할 때

Прости́те, Ли́зы сейча́с нет до́ма. А кто её спра́шивает?
죄송하지만, 리자는 지금 집에 없어요. 누구십니까?

Он сейча́с за́нят. Вы не могли́ бы попо́зже перезвони́ть?
그는 지금 바쁘십니다. 좀 이따 전화주실 수 있으시겠어요?

3. 메모 남길 때

Не моглú бы вы ему сказáть, что звонúла его женá.
부인이 전화했다고 전해주세요.

Ничегó стрáшного. Я попóзже перезвоню́.
괜찮습니다. 제가 이따 다시 전화할게요.

4. 메모 확인할 때

Хорошó, я всё записáл.
네. 모두 메모했습니다.

Я передáм ему́ сообщéние.
그에게 메시지 전해드리겠습니다.

СЛОВАРЬ

корáбль 선박 男	перезвонúть 다시 전화 걸다.
остановка 정류장	попóзже 좀 더 늦게
спортсмéн 운동선수	вокру́г ~주위에
птúца 새	óзеро 호수
турúст 관광객	коридóр 복도
конферéнция 회의	к сожалéнию 유감스럽게도
под ~밑으로	подождáть 기다리다
чéрез ~거쳐서, 지나서	секу́нда 초
кабинéт 사무실	мину́та 분
рáзный(ая, ое, ые) 다른, 다양한	одну́ мину́ту 잠시만
мост 다리	погрóмче 좀 더 크게
мúмо (생격) 곁을, 지나서	помéдленнее 좀 더 천천히
сторонá 측(면)	спрáшивать 질문하다.
хлеб 빵	зáнят(á, о, ы) 바쁘다.
лéстница 계단	записáть 예약하다.
этáж 층	сообщéние 메시지, 알림
полчасá 30분	передáть 전하다.
по-мóему 내 생각에는	

УПРАЖНЕНИЯ 다음을 러시아어로 쓰고 말하시오.

① 나는 박물관에 도착하는데 30분 걸렸다.

____

② 그는 다리를 (차를 타고)건넜다.

____

③ 그녀는 러시아에서 왔습니다.

____

④ 오늘 나는 6시에 집에서 떠났습니다.

____

⑤ 나한테서 떨어져.

____

⑥ 저한테 다가오세요.

____

⑦ 버스가 정류장 쪽으로 다가왔다.

____

⑧ 새가 나무에서 땅으로 날아 내려왔다.

____

⑨ 집에 가는 길에 나는 상점에 들렀다.

____

⑩ 그는 방에서 나갔다.

____

СОВРЕМЕННАЯ КУЛЬТУРА В РОССИИ
- 러시아의 국경일(Госуда́рственные пра́здники Росси́и)

러시아는 '쁘라즈닉(пра́зник)'이라고 불리는 기념일들이 많다. 그러나 달력에 빨간 글씨로 표기되는 국경일은 아래 표에 정리된 바와 같이 8개 정도가 있다. 연말연시에는 러시아 전체가 축제분위기로 떠들썩하다. 보통 12월 말부터 1월 10일까지 겨울 연휴가 계속되고 관공서나 대다수의 회사들은 근무를 하지 않는다. 때문에 많은 사람들이 친지에게 줄 선물을 사고, 휴일에 먹을 식재료나 와인과 샴페인을 사는 등 쇼핑을 즐기며 가게는 물건들이 다 팔려 선반이 텅텅 비곤 한다. 또한 사람들은 해외로 여행을 떠나거나 가족들, 친지, 친구들과 만나 정겨운 시간을 갖는다.

〈러시아의 국경일〉

1~5 января́	새해(Но́вый год)
7 января́	성탄절(Рождество́)
23 февраля́	조국수호자의 날(День защи́тника оте́чества)
8 ма́рта	세계 여성의 날(Междунаро́дный же́нский день)
1 ма́я	노동절(Пра́здник Весны́ и Труда́)
9 ма́я	승전기념일(День Побе́ды)
12 ию́ня	러시아의 날(День Росси́и)
4 ноября́	민족 통합의 날(День Наро́дного еди́нства)

1월 1일-1월 5일 새해(1 - 5 января́ - Но́вый год)

<Новый год>

우리의 새해는 보신각 종소리로 시작되는 데 비해 러시아의 설날은 12월 마지막 날 붉은 광장에서 카운트다운을 하고 불꽃을 쏘아 올리며 시작된다. 러시아 대통령은 텔레비전을 통해 신년사를 발표하고 러시아 사람들은 샴페인을 터트리며 서로에게 신년을 축하한다는 'С но́вым го́д ом(스 노빔 고덤)'을 외치면서 서로의 건강과 안녕을 기원하고 행복을 비는 키스를 나눈다.

1월 7일 성탄절(7 января́ - Рождество́)

러시아의 크리스마스는 12월 25일보다 13일 늦은 1월 7일이다. 이는 러시아에서 크리스마스를 정할 때 사용하는 달력이 다르기 때문이다. 즉, 현재 널리 이용되는 16세기 교황 그레고리우스 13세가 제정한 '그레고리력'이 아니라 고대 로마 황제 율리우스 카이사르가 제정한 '율리우스력'을 사용했기 때문이다. '율리우스력'이란 율리우스 카이사르가 이집트력을 기준으로 로마력을 개정한 것으로 16세기 말까지 널리 쓰이던 역법이었으나 후에 '그레고리력'에 그 자리를 내주게 되었다. 그러나 제정러시아는 이를 로마교황 그레고리우스 13세가 제정했다는 이유로 사용에 반대하였고, 그 때문에 역사적 사건들은 모두 율리우스력으로 기록되었다. 유명한 '10월 혁명'은 율리우스력(曆)으로 1917년 10월 25일이나 사실 현재 사용하고 있는 그레고리력(曆)으로는 11월 7일에 해당된다. 10월 혁명 후 1918년 1월 26일 러시아는 그레고리력으로 개력(改曆)을 결정하여 그 해 2월 1일을 2월 14일로 바꾸면서 그레고리력을 공식적으로 사용하게 되었다. 현재 러시아와 같이 율리우스력으로 성탄절을 기념하는 국가는 같은 동방 정교회 국가인 세르비아, 조지아(러시아명 그루지야) 등이 있다.

<Рождество>

2월 23일 조국수호자의 날(23 февраля́ - День защи́тника оте́чества)

조국수호자의 날은 우리의 '국군의 날'과 같은 기념일로 1922년 공식적으로 '붉은 군대의 날(День Кра́сной А́рмии)'로 명명되었다가 이듬해 1923년부터 '소비에트 군대와 해군함대의 날(День Сове́тской А́рмии и Вое́нно-Морско́го Фло́та)'로 지정되어 매년 기념되었다. 그 후 소비

<День защитника отечества>

에트 연방이 무너진 후 '조국수호자의 날(День защи́тника Оте́чества)'로 명칭이 바뀌었는데 러시아인들은 이날을 '붉은 군대 창건일'이나 '전승기념일'과 함께 진정한 '남성의 날'로 여기며 조국 수호의 뜻을 기리고 있다.

3월 8일 여성의 날(8 ма́рта - Междунаро́дный же́нский день)

3월 8일은 '세계 여성의 날'로 국적, 인종 등을 뛰어넘어 전 세계 여성들이 협력하여 여성의 권리를 향상시키고 여성의 정치, 경제, 사회, 문화적 업적을 기리는 날이다. 러시아에서 '세계 여성의 날'은 봄철 첫 번째로 맞이하는 축제로 온 나라가 꽃다발로 가득 차게 된다. 이날은 아내나 어머니는 물론이고 여자에게는 누구나 축하의 인사와 키스를 건넨다. 때로는 이날에 남성들이 사랑하는 여인에게 사랑을 고백하기도 한다. 우리나라는 여성의 날을 특별히 기념하지는 않지만 러시아에서는 최대 국경일 가운데 하나로 꼽힌다.

<Международный женский день>

5월 1일 노동절(1 ма́я - Пра́здник Весны́ и Труда́)

'봄과 근로 기념일'을 뜻하는 노동절은 현재 사용되는 '근로자의 날'의 전 명칭으로 전 세계 근로자들의 권익과 복지 등을 기념하기 위해 제정된 날이다. 노동절의 유래는 미국의 노동 운동에서 유래되었는데 1886년 5월 1일 미국 근로자들이 8시간 근무 법제화를 주장하며 총파업을 열자 이를 진압하는 과정에서 유혈사태가 벌어진 것을 계기로 1890년 5월 1일에는 노동자 단결을 주장하며 노동자 대회가 개최되었다. 그 후 이를 기념하여 5월 1일을 노동절로 삼게 되었다. 노동절은 각 나라의 상황에 따라 그 시기가 다른데 유럽, 중국, 러시아 등지에서는 5월 1일, 미국과 캐나다에서는 9월 첫째 월요일, 뉴질랜드는 10월 넷째 월요일, 일본은 11월 23일을 노동절로

<Праздник Весны и Труда>

기념하고 있다. 특히 러시아에서는 오랫동안 5월 1일 '메이데이'를 혁명의 상징으로 여기며 아직까지도 노동절을 국경일로 재정하여 노동자의 권익을 위한 거리 행진 등 다양한 행사를 펼치고 있다.

5월 9일 승전기념일(9 мáя - День Побéды)

5월 9일 승전기념일은 소비에트 연방이 독일 파시즘에 대항하여 조국 러시아를 지켜낸 것을 기념하기 위해 재정된 날이다. 이 날 러시아의 붉은 광장이나 주요 도심지에서는 화려한 군사 퍼레이드가 열린다. 도로는 물론이고 하늘에서도 러시아 최신 전투기가 비행 퍼레이드를 한다. 거리는 가슴에 훈장을 한가득 달고 나온 퇴역 군인들로 가득하다. 이들의 얼굴에는 조국을 지켜냈다는 자부심이 있으며 그들의 가슴에는 아직도 식지 않은 용맹이 가득 차있다. 세계 2차 대전은 독일에 대항하는 러시아가 동부전선을 지켜냈기에 승리할 수 있었을지도 모른다. 이러한 역사의 주인공들은 아직까지 전설이 되어 러시아의 수호자로 존경을 받고 있다.

<День Победы>

6월 12일 러시아의 날(12 ию́ня - День Росси́и)

'젠 라시이'라 불리는 '러시아의 날'은 러시아 역사상 가장 최근에 생긴 국경일로 1998년 보리스 옐친이 자신의 연설에서 6월 12일을 '러시아의 날'로 재정할 것을 제시해 처음 등장하게 되었다. 그러다 2002년 2월 1일 공식적으로 그 효력을 얻었고 그 후 지금까지 국경일로 지정되어 기념되고 있다. 이 날은 조국의 현재와 미래를 위한 민족 통합의 상징이 되는 날로, 모든 이가 법 앞에서 평등하고 서로 화합하며, 평화와 자유를 누려야 함을 확인하고 기념하는 날이다.

<День России>

11월 4일 민족 통합의 날(4 ноября́ - День Наро́дного еди́нства)

11월 4일은 '카잔 성모의 날'이었으나 2005년부터 '민족 통합의 날'로 바뀌어 기념되기 시작했다. 러시아는 다민족 국가로 과거부터 민족의 통합과 화합을 가장 중시해왔다. 이에 11월 7일 '일치와 화합의 날'을 11월 4일 '민족 통합의 날'로 변경해 그 의미를 더욱 확대시키며 기념하고 있다.

<День Народного единства[23]>

23 https://yandex.ru/images/search/Государственные праздники России

제20장 Я прочита́л э́ту кни́гу.

ТЕМА 동사의 상

Я бу́ду чита́ть кни́гу.	나는 책을 읽을 것이다.
Я чита́ю кни́гу.	나는 책을 읽고 있다.
Я чита́л кни́гу.	나는 책을 읽었다.
Я прочита́ю э́ту кни́гу.	나는 이 책을 (다) 읽을 것이다.
Я прочита́л э́ту кни́гу.	나는 이 책을 (다) 읽었다.

ГРАММАТИКА

1. 동사의 상(вид глаго́ла)의 의미

러시아어 동사는 행위를 보는 관점과 그 전달 의미에 따라 완료상과 불완료상의 두 가지 형태로 나뉜다. 대부분의 동사들은 완료상과 불완료상의 쌍을 이루는 경우가 많으며 이 쌍은 대체로 동일한 격을 지배한다. 그러나 일부 동사는 상을 이루지 않는 경우도 있다.

(1) 동사의 불완료상(несоверше́нный вид)

불완료상 동사는 '진행, 습관, 반복, 지속'의 의미를 지니고 있으며 그 행위가 완결, 수행되었는지의 결과는 나타내지 않는다. 시제는 과거, 현재, 미래의 시제가 있으며 미래의 경우 быть 동사의 현재형 변화 다음에 불완료상 동사의 원형을 사용한다.

	현재시제	미래시제	과거시제
Дéлать (행)하다	Я дéлаю	бýду дéлать	Он дéлал Онá дéлала Онó дéлало Они́ дéлали
	Ты дéлаешь	бýдешь дéлать	
	Он/Онá дéлает	бýдет дéлать	
	Мы дéлаем	бýдем дéлать	
	Вы дéлаете	бýдете дéлать	
	Они́ дéлают	бýдут дéлать	

(2) 동사의 완료형(совершéнный вид)

행위가 완료되었거나 그 행위의 결과가 있을 때, 또는 행위가 단지 1번 행해질 때, 그리고 행위의 시작 혹은 끝을 표현할 때 동사의 완료형이 사용된다. 시제는 과거에 완료된 행위와 미래에 완료될 행위를 나타내는 과거와 미래만이 각각 존재한다.

	미래시제	과거시제
Сдéлать (다)하다	Я сдéлаю	Он сдéлал Онá сдéлала Онó сдéлало Они́ сдéлали
	Ты сдéлаешь	
	Он/Онá сдéлает	
	Мы сдéлаем	
	Вы сдéлаете	
	Они́ сдéлают	

구분	러시아어 동사의 2가지 형태	
	불완료동사	완료동사
시제	читáть: 읽다 미래 бýду читáть 현재 читáю 과거 читáл	прочитáть: 다 읽다, 통독하다 미래 прочитáю 현재형 없음 과거 прочитáл

의미	1. 일반적인 사실 전달 Вчера́ я учи́л слова́. За́втра я бу́ду гото́вить у́жин. Вчера́ ве́чером Юра чита́л кни́гу «Пу́шкин в Москве́».	1. 행위의 구체적 결과와 완료된 행위 Я хорошо́ вы́учил слова́. За́втра я пригото́влю ужин к прихо́ду госте́й. Она́ написа́ла письмо́. Юра прочита́л кни́гу и узна́л, где жил Пу́шкин.
	2. 습관, 반복적 행위 Обы́чно я встава́ла в семь часо́в. Юра ка́ждый день чита́л газе́ты. 3. 현재 진행되고 있는 행위, 과정 Сейча́с я учу́ стихи́. Она́ писа́ла письмо́. Ю́ра до́лго чита́л расска́з (2 часа́, 4 го́да, це́лый день .....)	2. 1회적 단발성 행위 Сего́дня у́тром он прочита́л газе́ту. Вчера́ он пригласи́л меня́ в кино́. За́втра я вста́ну в 8 часо́в. На у́лице я вдруг уви́дел знако́мое лицо́.
	4. 동시동작 Я писа́ла письмо́ и слу́шала му́зыку. Когда́ я писа́ла письмо́, мой друг слу́шал му́зыку. Моя́ сестра́ слу́шала му́зыку и писа́ла письмо́. Я бу́ду пить ко́фе и смотре́ть телеви́зор.	3. 순차적 행위 Я купи́ла конве́рт и написа́ла на нём а́дрес. Когда́ я написа́ла письмо́, я пошла́ на по́чту. Моя́ ма́ма прочита́ла газе́ту, написа́ла письмо́ и посмотре́ла фильм.
함께 쓰이는 부사 및 동사	계속적이거나 반복적인 의미를 가진 부사들 및 동사들과 함께 사용	순간적인 행위를 뜻하는 부사 및 동사들과 함께 사용
	всегда́, иногда́, ча́сто, ре́дко, обы́чно, до́лго, постоя́нно, ка́ждый, по вечера́м, начина́ть-нача́ть, продолжа́ть-продо́лжить, конча́ть-ко́нчить, переста́ть, привы́кнуть, отвы́кнуть, люби́ть	вдруг, неожи́данно, сра́зу, уже́, успе́ть, забы́ть, уда́ться

다음 문장들을 읽고 해석하면서 그 의미를 비교해 보자.

불완료동사	완료동사
Ка́ждый день он встаёт (встава́л) в 7 часо́в.	В воскресе́нье он встал в 9 часо́в.
Ты чита́л стихи́ Пу́шкина?	Я уже́ прочита́л эту кни́гу. Ты мо́жешь взять её.
Сего́дня я бу́ду писа́ть письмо́.	Сего́дня я напишу́ письмо́.
Я ча́сто пишу́ пи́сьма дру́гу.	Вдруг сего́дня я написа́ла письмо́.
Ма́ма обеща́ла звони́ть по суббо́там.	Ма́ма обеща́ла позвони́ть в суббо́ту
Он на́чал рабо́тать.	Он успе́л зако́нчить рабо́ту во́время.
Она́ не разреша́ет нам гуля́ть.	Разреши́те войти́.

2. 완료상과 불완료상의 형성

동사 상의 형성은 불완료 동사에 접두사가 붙어 완료동사를 만드는 경우와 음절삽입이나 어간 접미사를 변화시켜 만드는 경우, 완전히 다른 어근으로 이루어지는 경우, 강세가 다른 경우 등으로 나뉠 수 있다.

(1) 접두사에 의해 완료상이 파생되는 경우

불완료상	완료상	의미
де́лать	сде́лать	하다
есть	съесть	먹다

чита́ть	прочита́ть	읽다
смотре́ть	посмотре́ть	보다
идти́	пойти́	(걸어)가다
е́хать	пое́хать	(타고)가다
проси́ть	попроси́ть	요청하다
за́втракать	поза́втракать	아침식사하다
обе́дать	пообе́дать	점심식사하다
у́жинать	поу́жинать	저녁식사하다
писа́ть	написа́ть	쓰다
рисова́ть	нарисова́ть	그리다
учи́ть	вы́учить	배우다
пить	вы́пить	마시다
знать	узна́ть	알다
ви́деть	уви́деть	보이다
слы́шать	услы́шать	들리다
гото́вить	пригото́вить	준비하다

(2) 음절삽입이나 어간 접미사를 변화시켜 만드는 경우

불완료상	완료상	의미
реша́ть	реши́ть	해결하다
броса́ть	бро́сить	던지다. 버리다
изуча́ть	изучи́ть	배우다
объясня́ть	объясни́ть	설명하다
повторя́ть	повтори́ть	반복하다
конча́ть	ко́нчить	끝마치다
начина́ть	нача́ть	시작하다
отвеча́ть	отве́тить	대답하다

спра́шивать	спроси́ть	질문하다
покупа́ть	купи́ть	사다
встава́ть	встать	일어나다
дава́ть	дать	주다
устра́ивать	устро́ить	만들다
создава́ть	созда́ть	만들다
открыва́ть	откры́ть	열다

(3) 완전히 다른 어근으로 이루어지는 경우

불완료상	완료상	의미
говори́ть	сказа́ть	말하다
брать	взять	잡다
класть	положи́ть	놓다
лови́ть	пойма́ть	잡다
сади́ться	сесть	앉다
станови́ться	стать	서다
ложи́ться	лечь	눕다

3. 금지와 불가능의 표현

서술부사 нельзя́(금지하다)는 뒤에 오는 동사의 상에 따라 의미가 달라진다. 예를 들어 'нельзя́ реша́ть э́ту зада́чу'의 경우 '문제를 풀면 안 된다.'의 금지의미를 갖는 반면, 'нельзя́ реши́ть э́ту зада́чу'는 '문제를 풀 수 없다.'의 불가능의 의미가 된다.

нельзя́ + 불완료동사 = 금지를 나타낸다.

нельзя́ + 완료동사 = 불가능을 나타낸다.

다음 문장들을 읽고 해석하면서 그 의미를 비교해보자.

нельзя́ + 불완료동사	**нельзя́** + 완료동사
Нельзя́ входи́ть. Идёт экза́мен! 들어가면 안돼요. 시험 중입니다.	Нельзя́ войти́. Клю́ча нет. 들어갈 수 없어요. 열쇠가 없습니다.
Гори́т кра́сный свет. Нельзя́ переходи́ть у́лицу. 빨간 불이 켜졌어요. 도로를 건너면 안돼요.	У́лицу нальзя́ перейти́. Очень си́льное движе́ние. 거리를 건널 수 없어요. (차들이)매우 빠르게 움직이고 있어요.
По э́той у́лице нельзя́ е́хать. Прое́зд запрещён. 이 도로를 지나가면 안돼요. 통행금지입니다.	По э́той у́лице нельзя́ прое́хать. Она́ о́чень у́зкая. 이 도로를 지나갈 수 없어요. 이것은 매우 좁아요.
Окно́ открыва́ть нельзя́. На у́лице хо́лодно. 창문을 열지마세요. 밖이 추워요.	Окно́ откры́ть нельзя́. Сло́мана ру́чка. 창문을 열 수 없어요. 손잡이가 고장 났어요.
Нельзя́ закрыва́ть окно́. В ко́мнате ду́шно. 창문을 닫지 마세요. 방 안이 답답해요.	В чемода́не сли́шком мно́го ве щей. Его́ нельзя́ закры́ть. 가방에 짐이 너무 많아요. 가방을 잠글 수가 없어요.

다음 대화문을 살펴본 후 완료-불완료 동사를 사용하여 대화문을 만들어 보자.

Анто́н: До́брый день, Серге́й! Ты сде́лал дома́шнее зада́ние по ру́сскому языку́?
안녕! 너는 러시아어 숙제를 다 했니?

Серге́й: Коне́чно!
Вчера́ я реша́л зада́чи весь ве́чер.
В конце́ концо́в я всё реши́л.
물론이지!
어제 저녁 내내 과제를 풀었어.
결국 과제를 다 풀었지!

Антóн:	Молодéц! А я покá не успéл, тóлько вéчером бýду решáть задáчи. Когдá всё решý, пойдý гулять. 굉장하구나! 나는 아직 못했지만 저녁에 과제(들)을 풀 거야. 나는 과제를 다 하면 산책을 나갈 거야.

ВЫРАЖЕНИЯ

Комплимéнты по пóводу внéшнего вúда(외모 칭찬하기)	
Вы хорошó вы́глядите.	좋아 보이세요.
Вы так хорошó вы́глядите!	얼마나 좋아 보이는지!
Вы прекрáсно вы́глядите.	훌륭해 보이세요.
Вы превосхóдно вы́глядите	최고로 보이세요.
Вы великолéпно вы́глядите.	대단해 보이세요.
Вы красúвы (красúвые).	아름다워 보이세요.
Вы мóлодо вы́глядите.	젊어 보이세요.
Вы так мóлодо вы́глядите!	정말 젊어 보여요.
Вы совсéм не вы́глядите на свой вóзраст.	제 나이로 전혀 보이지 않아요.
Ответ́(칭찬에 대한 대답)	
Спасúбо за комплимéнт.	칭찬해주셔서 고맙습니다.
Спасúбо, óчень прия́тно слы́шать.	고맙습니다. 매우 듣기 좋네요.

СЛОВАРЬ

конвéрт 봉투 вдруг 갑자기 вóвремя 제 때 зáвтрак 아침식사 обéд 점심식사	разрешáть(разрешúть) 허락하다 звонúть(позвонúть) 전화하다 брать(взять) 잡다, 쥐다 есть(съесть) 먹다 просúть(попросúть) 요청하다

у́жин 저녁식사	пить(вы́пить) 마시다
дома́шнее зада́ние 숙제	гото́вить(пригото́вить) 준비하다
коне́чно 물론이지	реша́ть(реши́ть) 해결하다
зада́ча 과제	броса́ть(бро́сить) 던지다. 버리다
гуля́ть 산책하다	объясня́ть(объясни́ть) 설명하다
ду́шно 답답하다	повторя́ть(повтори́ть) 반복하다
сли́шком 지나치게	конча́ть(ко́нчить) 끝마치다
си́льное 강하게	начина́ть(нача́ть) 시작하다
движе́ние 움직임	отвеча́ть(отве́тить) 대답하다
свет 빛(등)	спра́шивать(спроси́ть) 질문하다
хо́лодно 춥다	покупа́ть(купи́ть) 사다
у́зкий(-ая, -ое, -ие) 좁은	встава́ть(встать) 일어나다
сло́ман(а, о, ы) 고장나다	дава́ть(дать) 주다
запрещён(а́, о́, ы́) 금지하다	открыва́ть(откры́ть) 열다
успе́ть 성공하다	говори́ть(сказа́ть) 말하다
обеща́ть 약속하다	комплиме́нт 인사치레
вещь 짐 女	

УПРАЖНЕНИЯ 다음을 러시아어로 쓰고 말하시오.

① 왜 당신은 연습문제를 쓰지 않고 있습니까? 저는 이미 다 썼습니다.

____

② 그녀는 나의 편지를 다 읽었습니다.

____

③ 여기에서는 담배를 피울 수 없다.

____

④ 우리는 9월에 러시아어를 배우기 시작했습니다.

____

⑤ 보통 나는 6시에 일어납니다.

____

⑥ 그는 이 상점에서 신문을 자주 삽니다.

____

⑦ 갑자기 나는 이 책을 샀습니다.

____

⑧ 너는 소설(이야기) 읽는 것을 끝냈니?

____

⑨ 하루 종일 그는 책을 읽었고 결국 다 읽었다.

____

⑩ 그들은 오랫동안 과제를 풀었지만 우리는 금방 과제를 해결했다.

____

СОВРЕМЕННАЯ КУЛЬТУРА В РОССИИ - 러시아의 백야(Бéлые нóчи)

백야는 한여름에 태양이 지평선 아래로 내려가지 않는 현상으로 고위도 지방에서 흔히 볼 수 있는 자연현상이다. 이는 태양빛이 반사하면서 완전히 어두워지지 않기 때문에 생긴다고 한다. 러시아에서는 여름에 상뜨-뻬쩨르부르그나 모스크바 등지에서 볼 수 있는데 위치상 완벽한 백야현상은 볼 수 없지만 밤에도 우리나라의 초저녁 무렵과 같은 전경을 감상할 수 있다. 그러나 모스크바는 뻬쩨르부르그보다 백야현상이 짧아 잠깐의 어둠이라도 맛볼 수 있다. 반면 상뜨-뻬쩨르부르그에서는 새벽에 잠시 어두워졌다 하더라도 빛이 남아있어 사물의 구별이 가능한데 보통 3-4시간 후 다시 밝아진다. 백야현상이 더 길게 나타나는 뻬쩨르부르그는 6월 중순부터 7월 초, 백야축제가 열리는데 밤새 불꽃놀이와 각종 행사들이 개최된다.

〈상뜨-뻬쩨르부르그 백야의 밤〉

〈상뜨-뻬쩨르부르그 백야의 밤〉

〈모스크바 백야의 밤〉

〈모스크바 백야의 새벽[24]〉

24 https://yandex.ru/images/search, белые ночи

부록

부록 1. 해답편

1과

① Вы медсестрá?

② Э́то Вы?

③ Онá сестрá.

④ Ты брат?

⑤ Антóн друг.

⑥ Натáша подрýга?

⑦ Он врач.

⑧ Кто президéнт?

⑨ Ивáн профéссор?

⑩ Он гид Антóн.

2과

① Э́то университéт? Нет, э́то не университéт. Э́то шкóла.

② Э́то журнáл? Нет, э́то кнúга.

③ Э́то не дом? Нет, э́то не дом. Э́то магазúн.

④ Э́то водá? Нет, э́то вóдка.

⑤ Э́то тóже парк? Да, э́то тóже парк.

⑥ Э́то машúна? Нет, э́то не машúна.

⑦ Э́то стол и стул? Да, э́то онú.

⑧ Э́то шкаф? Нет, э́то не шкаф.

⑨ Э́то не дорóга? Нет, э́то дорóга.

⑩ Э́то окнó.

3과

① Я здесь, а онá там.

② Онú тóже дóма.

③ Э́то каранда́ш и ру́чка.

④ Там го́род?

⑤ Нет, там магази́н.

⑥ Э́то не маши́на.

⑦ Здесь компю́тер, а там кни́га.

⑧ Профе́ссор до́ма.

⑨ Здесь парк и магази́н.

⑩ Аудито́рия там.

4과

① Там мо́ре. Оно́ о́чень хоро́шее.

② Э́то де́душка. Он профе́ссор.

③ А́нна медсестра́. Где она́?

④ Где вода́? Э́то не вода́. Вода́ вот.

⑤ Вот ко́мната. Здесь стол, стул и шкаф.

⑥ Здесь фо́то? Нет, это не фо́то.

⑦ Где я́блоко? Оно́ там.

⑧ Э́то не шко́ла? Да, э́то не шко́ла. она́ там.

⑨ Кто врач? Анто́н врач. Он здесь.

⑩ Э́то университе́т? А где шко́ла?

5과

① Э́то не ва́ше ме́сто. Где ва́ше ме́сто?

② Москва́ — э́то ваш го́род, а Сеу́л — э́то мой го́род.

③ Дава́йте, познако́мимся. Я Ива́нов, а э́то моя́ сестра. О́чень прия́тно.

④ Чья э́то ко́мната? Где ва́ша ко́мната?

⑤ До́брое у́тро! Кто э́то? Как она́?

⑥ Э́то не университе́т. Э́то музе́й.

⑦ Где мо́ре? Мо́ре там.

⑧ Чей де́душка Анто́н? Он мой де́душка.
⑨ Чей э́то слова́рь? Это её слова́рь.
⑩ Э́то моя́ семья́. Э́то мо́й па́па. Он профе́ссор.

6과

КЛЮЧ 1

① А́нна кака́я сестра́? Она́ моя́ краси́вая и дорога́я сестра́.
② На́ша фи́рма здесь. Это о́чень хоро́шая фи́рма.
③ Вот наш но́вый университе́т.
④ Э́то моё ста́рое фо́то.
⑤ Где их ста́рый университе́т?
⑥ Она́ моя́ но́вая де́вушка. Она́ краси́вая.
⑦ Э́то дешёвое пи́во. Но хоро́шее пи́во. (э́то дешёвое, но хоро́шее пи́во.)
⑧ Кто ваш но́вый преподава́тель(ва́ша но́вая преподава́тельница)?
⑨ Где бе́лое зда́ние? Оно́ там. Спаси́бо.
⑩ Сего́дня на́ше но́вое заня́тие. Э́то интере́сное заня́тие.

КЛЮЧ 2

но́вый (ая, ое, ые)	краси́вый (ая, ое, ые)
ста́рый (ая, ое, ые)	кра́сный (ая, ое, ые)
больш́ой (ая, ое, ие)	коре́йский (ая, ое, ие)
мале́нький (ая, ое, ие)	ру́сский (ая, ое, ие)
хоро́ший (ая, ее, ие)	чёрный (ая, ое, ые)
плохо́й (ая, ое, ие)	бе́лый (ая, ое, ые)
дорого́й (ая, ое, ие)	си́ний (яя, ее, ие)
дешёвый (ая, ое, ые)	высо́кий (ая, ое, ие)
молодо́й (ая, ое, ые)	интере́сный (ая, ое, ые)

КЛЮЧ 3

Норма́льно: норма́льный, норма́льная, норма́льное

Прекра́сно: прекра́сный, прекра́сная, прекра́сное

Отли́чно: отли́чный, отли́чная, отли́чное

Вку́сно: вку́сный, вку́сная, вку́сное

7과

① Здесь больши́е де́ньги.

② Где ва́ши сыновья́? Как они́?

③ А́нна и Ната́ша на́ши до́чки. Они́ хоро́шие студе́нтки.

④ Её маши́ны там. Э́то но́вые маши́ны.

⑤ Где ру́сские музе́и?

⑥ Где метро́? Э́то но́вое метро́.

⑦ Там чёрный ко́фе и чай.

⑧ Они́ мои́ геро́и.

⑨ Како́й он геро́й?

⑩ Чьи э́то очки́?

8과

КЛЮЧ 1

① У́тром я чита́л(а) журна́л.

② Ве́чером мы изуча́ем ру́сский язы́к.

③ Что ты де́лаешь?

④ Днём де́душка рабо́тает.

⑤ Анто́н не понима́ет меня́.

⑥ Ве́чером она́ отдыха́ет.

⑦ Вы рабо́таете?

⑧ Ве́чером моя́ сестра́ гуля́ла.

⑨ Я хорошо́ зна́ю ру́сский язы́к.

⑩ Вы понима́ете меня́?

КЛЮЧ 2

ду́мать 생각하다

현재 я ду́маю, ты ду́маешь, он/она́ ду́мает, мы ду́маем, вы ду́маете, они́ ду́мают. 과거 он ду́мал, она́ ду́мала, они́ ду́мали

чита́ть 읽다

현재 я чита́ю, ты чита́ешь, он/она́ чита́ет, мы чита́ем, вы чита́ете, они́ чита́ют. 과거 он чита́л, она́ чита́ла, они́ чита́ли

понима́ть 이해하다

현재 я понима́ю, ты понима́ешь, он/она́ понима́ет, мы понима́ем, вы понима́ете, они́ понима́ют. 과거 он понима́л, она́ понима́ла, они́ понима́ли

де́лать 하다

현재 я де́лаю, ты де́лаешь, он/она́ де́лает, мы де́лаем, вы де́лаете, они де́лают. 과거 он де́лал, она́ де́лала, они́ де́лали

изуча́ть 배우다

현재 я изуча́ю, ты изуча́ешь, он/она́ изуча́ет, мы изуча́ем, вы изуча́ете, они́ изуча́ют. 과거 он изуча́л, она́ изуча́ла, они́ изуча́ли

рабо́тать 일하다

현재 я рабо́таю, ты рабо́таешь, он/она́ рабо́тает, мы рабо́таем, вы рабо́таете, они́ рабо́тают. 과거 он рабо́тал, она́ рабо́тала, они́ рабо́тали

отдыха́ть 쉬다

현재 я отдыха́ю, ты отдыха́ешь, он/она́ отдыха́ет, мы отдыха́ем, вы отдыха́ете, они́ отдыха́ют. 과거 он отдыха́л, она́ отдыха́ла, они́ отдыха́ли за́втракать 아침식사하다

현재 я за́втракаю, ты за́втракаешь, он/она́ за́втракает, мы за́втракаем, вы за́втракаете, они́ за́втракают.
과거 он за́втракал, она́ за́втракала, они́ за́втракали

обе́дать 점심식사하다

현재 я обе́даю, ты обе́даешь, он/она́ обе́дает, мы обе́даем, вы обе́даете, они́ обе́дают. 과거 он обе́дал, она́ обе́дала, они́ обе́дали

у́жинать 저녁식사하다

현재 я у́жинаю, ты у́жинаешь, он/она́ у́жинает, мы у́жинаем, вы у́жинаете, они́ у́жинают. 과거 он у́жинал, она́ у́жинала, они́ у́жинали

гуля́ть 산책하다

현재 я гуля́ю, ты гуля́ешь, он/она́ гуля́ет, мы гуля́ем, вы гуля́ете, они гуля́ют. 과거 он гуля́л, она́ гуля́ла, они́ гуля́ли

объясня́ть 설명하다

현재 я объясня́ю, ты объясня́ешь, он/она́ объясня́ет, мы объясня́ем, вы объясня́ете, они́ объясня́ют.
과거 он объясня́л, она́ объясня́ла, они́ объясня́ли

9과

КЛЮЧ

① Я люби́л(а) его́, но он не люби́л меня́.

② Анто́н хорошо́ говори́т по-коре́йски.

③ Ве́чером здесь мо́жно смотре́ть телеви́зор.

④ Я стро́ил(а) большо́й и хоро́ший дом.

⑤ Вы по́мните меня́?

⑥ Онá америкáнка, а я кореянка(корéец).
⑦ Здесь мóжно курúть?
⑧ Там мóжно говорúть по-китáйски.
⑨ Сейчас мóжно зáвтракать?
⑩ Онú не знáют францýзский язы́к.

10과

① Сестрé 24(двáдцать четы́ре) гóда.
② Ей 31(трúдцать одúн) год?
③ Скóлько кнúга стóит?
④ Мы писáли письмó Марúи.
⑤ Ты лю́бишь писáть письмó дрýгу?
⑥ Вы не лю́бите звонúть емý?
⑦ Скóлько вам лет?
⑧ Он мóжно писáть по-рýсски?
⑨ Я люблю́ читáть книгу по-англúйски.
⑩ Моú родúтели подарúли мне подáрок.

11과

① Я не хочý рабóтать.
② У негó есть хорóшие друзья́?
③ Э́то кнúга бáбушки.
④ Э́то моя́ кнúга.
⑤ У неё нет словаря́.
⑥ Здесь нет профéссора.
⑦ Э́то здáние университéта.
⑧ У вас есть газéта?
⑨ У меня́ есть хорóшие часы́.
⑩ Здесь нет здáния.

12과

① Сейча́с куда́ вы идёте (е́дете) ?

② Я иду́(е́ду) в шко́лу.

③ Вы лю́би́те смотре́ть фи́льм?

④ Анто́н чита́ет кни́гу.

⑤ Она́ идёт (е́дет) в общежи́тие.

⑥ Мы слу́шаем му́зыку.

⑦ Я люблю́ па́пу.

⑧ Они́ изуча́ют исто́рию.

⑨ Вчера́ мы вме́сте чита́ли журна́л.

⑩ Ты идёшь (е́дешь) на по́чту?

13과

① Ты живёшь в общежи́тии?

② Вчера́ вы бы́ли в университе́те?

③ Она в ко́мнате.

④ Я то́же хочу́ идти́ на конце́рт.

⑤ Профе́ссор живёт в го́роде.

⑥ Я всегда́ ду́маю о тебе́.

⑦ Где живёт ваш учи́тель?

⑧ Он рабо́тал в ба́нке.

⑨ Их роди́тели гуля́ют в па́рке.

⑩ Где бы́ла твоя́ сестра́ вчера́?

14과

① Мы бы́ли в больни́це с медсестро́й.

② Мой друг гуля́ет с де́вушкой.

③ Сего́дня днём то́же она́ рабо́тала со мной.

④ Весно́й мои́ роди́тели живу́т в Москве́ с бра́том.

⑤ Вы хоти́те стать бизнесме́ном?

⑥ Вчера́ у́тром мой брат был в библоте́ке с дру́гом.
⑦ Мой де́душка был музыка́нтом.
⑧ Ле́том А́нна живёт в Се́уле.
⑨ Ты мо́жешь рабо́тать в фи́рме.
⑩ Она́ мо́жет говори́ть обо мне по-коре́йски.

15과

① Пиши́те да́льше здесь.
② Пе́йте чай.
③ Сейча́с хо́лодно. Закро́йте окно́.
④ Чита́йте по-ру́сски.
⑤ Он даст мне де́ньги.
⑥ Иди́те на рабо́ту.
⑦ Позвони́те Ната́ше сего́дня ве́чером.
⑧ Дава́йте отдохнём в Коре́е зимо́й.
⑨ За́втра переда́йте дя́де письмо́.
⑩ Говори́те то́лько по-ру́сски.

16과

① Он не знал, куда́ пошёл(идёт) его́ друг.
② Я зна́ю, кто э́то соверши́л.
③ На́стя ви́дела, куда́ он уе́хал.
④ Ты зна́ешь, где нахо́дится кра́сная пло́щадь?
⑤ У него́ грипп(си́льная просту́да). Ему́ на́до лежа́ть.
⑥ Мо́жно е́здить в университе́т на маши́не?
⑦ Мо́жно принести́ де́ньги за́втра?
⑧ В трамва́е нельзя́ ку́рить.
⑨ Ну́жно сдать докуме́нт Евге́нию.
⑩ Я не зна́л(а), чьё э́то место́.

17과

① Куда́ ты хо́дишь ка́ждый день?

② Я е́зжу на рабо́ту на маши́не(маши́ной)

③ Она́ идёт на стадио́н.

④ Наш авто́бус идёт.

⑤ Я иду́ домо́й.

⑥ Вы ходи́ли на заня́тие?

⑦ Не ходи́ туда́.

⑧ У́тром шёл дождь.

⑨ Я е́здил на кра́сную пло́щадь.

⑩ Уже 10 часо́в. Нам пора́ идти́ домо́й.

18과

① Я ка́ждый день на рабо́ту иду́ пешко́м, а обра́тно е́ду на авто́бусе.

② Куда́ вы обы́чно е́здите отдыха́ть?

③ Я люблю́ ходи́ть пешко́м.

④ Он бежи́т в шко́лу.

⑤ По утра́м мой брат бе́гает в университе́т.

⑥ Ребёнок уже хо́дит.

⑦ Он всегда́ но́сит с собо́й зонт.

⑧ Ры́бы пла́вают.

⑨ Мой друг плывёт к бе́регу.

⑩ Пти́цы летя́т на се́вер.

19과

① Я дошёл до музе́я за по́лчаса.

② Он перее́хал че́рез мост.

③ Она прие́хала из Росси́и.

④ Сего́дня я уе́хал из до́ма в 6 часо́в.

⑤ Отойди́ от меня́.

⑥ Подойди́те ко мне.

⑦ Авто́бус подъе́хал к остано́вке.

⑧ Пти́ца слете́ла с де́рева на зе́млю.

⑨ По пути́ домо́й я зашёл в магази́н.

⑩ Он вы́шел из ко́мнаты.

20과

① Почему́ вы не пи́шете упражне́ние? Я уже́ (его́) написа́ла.

② Она́ прочита́ла моё письмо́.

③ Здесь нельзя́ ку́рить.

④ Мы на́чали изуча́ть ру́сский язы́к в сентябре́.

⑤ Обы́чно я встава́ла в 6 часо́в.

⑥ Он ча́сто покупа́ет газе́ты в э́том магази́не.

⑦ Вдруг я купи́л э́ту кни́гу.

⑧ Ты ко́нчил чита́ть расска́з?

⑨ Весь день он чита́л кни́гу, и наконе́ц прочита́л.

⑩ Они́ до́лго реша́ли зада́чу, а мы сра́зу реши́ли зада́чу.

부록 2. 단어

А

а 그런데
автóбус 버스
áдрес 주소
аппетúт 식욕
аудитóрия 강의실

Б

бáбушка 할머니
банк 은행
бежáть(бéгать) 달리다
белый(ая, ое, ые) 흰
берéчь 보관하다, 저축하다
благодарúть 감사하다
библиотéка 도서관
бизнесмéн 사업가
благополýчие 무사, 안녕, 행복
блюдо 접시
больнúца 병원
большóй(ая, ое, ие) 커다란
боя́ться 두려워하다
брат 형, 오빠, 남동생
брать(взять) 잡다, 쥐다
брестú 나아가다
бросáть(брóсить) 던지다. 버리다
брюки 바지
бýдущее 미래
бумáга 종이
бывáть 있다, 일어나다
быть 있다, 일어나다

В

в (대격) ~으로/(전치격) ~속에, -에서
ваш, вáша, вáше, вáши 당신의, 너희들의, 당신들의
вдруг 갑자기
везтú (차로) 운송하다
велосипéд 자전거
вернýться 돌아오다
веснá 봄
вестú(водúть) 데리고 가다
вéчер 저녁
вéчером 저녁에
взять 잡다, 쥐다
вúдеть 보다, (시력)보이다, 만나다
винó 포도주
вмéсте 함께, 같이, 동시에
вóвремя 제 때
вóна 원
водá 물
вóдка 보드카
возвращáться 되돌아오다
вокрýг (생격) ~주위에
воскресéнье 일요일
востóк 동쪽
вот 여기, 바로

врач 의사
вре́мя (中) 시간
всё 모두
всегда́ 항상
всеръёз 진지한
встава́ть(встать) 일어나다
встре́ча 만남
вто́рник 화요일
вчера́ 어제
вы 당신, 너희, 당신들
выбира́ть 선택하다
вы́расти 자라다, 증가하다
высо́кий(ая, ое, ие) 높은

Г

газе́та 신문
где 어디에
Герма́ния 독일
геро́й 영웅
гид 가이드
говори́ть(сказа́ть) 말하다
год 년, 살, 해
голубо́й(ая, ое, ые) 하늘색의
го́род 도시
гото́вить(пригото́вить) 준비하다
грипп 독감
гру́ппа 그룹, 무리, 반
гуля́ть 산책하다

Д

да 네
дава́ть(дать) 주다
да́льше 계속해서
дать 주다
две́рь (女) 문
движе́ние 움직임
де́вушка 아가씨
Дед Моро́з 산타클로스
де́душка 할아버지
де́лать 하다
де́ло 일
день (男) 일, 낮
де́ньги 돈
дере́вня 시골, 마을
де́рево 나무
де́ти 아이들
де́тский(ая, ое, ие) 어린이의
де́тский сад 유치원
дешёвый(ая, ое, ые) 싼, 저렴한
днём 점심에, 낮에
до (생격) ~까지
до́брый(ая, ое, ые) 좋은, 선한
дождь (男) 비
до́ктор 박사, 의사
докуме́нт 서류
до́лжен(должна́, должно́, должны́) ~해야 한다.
дом 집
до́ма 집에, 집에서
дома́шнее зада́ние 숙제
домо́й 집으로
доро́га 도로, 길
дорого́й(ая, ое, ие) 비싼, 소중한
достига́ть 도달하다
дочь (女) 딸
друг (남자) 친구

дрýжба 우정
дружи́ть 친하게 지내다
дýмать 생각하다
дýшно 답답하다
дя́дя 삼촌, 아저씨

Е

éздить (타고) 다니다
ерундá 무의미한 것
éхать (타고) 가다

Ж

жаль 유감이다
женá 부인
желáть 희망하다, 원하다
жёлтый(ая, ое, ые) 황색의, 노란 색의
жизнь (女) 인생, 삶
жить 살다
журнáл 잡지

З

зáпад 서쪽
здесь 여기에서
здорóвый(ая, ое, ые) 건강한
здорóвье 건강
здрáвствуй(те) 안녕하세요
земля́ 땅
зимá 겨울
знать 알다
золотóй(ая, ое, ые) 황금의
зонт 우산

И

и 그리고
идéя 아이디어(이데아)
идти́ 걸어가다
избежáть 피하다
извини́(те) 미안해요
изучáть 배우다
и́ли 또는
и́мя (中) 이름
инженéр 기술자, 엔지니어
институ́т 전문대학, 연구소
интерéсный(ая, ое, ые) 재미있는
интерéсно 재미있다
информáция 정보
искýсство 예술
истóрия 역사

К

к (여격) ~에게
кабинéт 사무실
кáждый(ая, ое, ые) 각각의
как 어떻게
какóй(ая, ое, ие) 어떤
карандáш 연필
квартúра 아파트
кинó 영화
Китáй 중국
ключ 열쇠
кни́га 책
кольцó 반지
коля́ска 유모차
кóмната 방
комплимéнт 인사치레

компью́тер 컴퓨터
конве́рт 봉투
коне́чно 물론, 틀림없이
консервато́рия 음악원
конфере́нция 회의
конча́ть(ко́нчить) 끝마치다
копе́йка 까페이까
кора́бль (男) 선박
коре́йский(ая, ое, ие) 한국의
Коре́я 한국
коридо́р 복도
кори́чневый(ая, ое, ые) 갈색의
костю́м 양복, 정장
ко́фе 커피
ко́шка 고양이
краси́вый(ая, ое, ые) 아름다운
кра́сный(ая, ое, ые) 붉은
кто 누구
куда́ 어디로
кури́ть 담배 피우다

Л

ла́стик 지우개
лё́гко 쉽다
ла́дно 좋아요. O.K.
лежа́ть 눕다, 놓여있다
ле́кция 강의
ле́стница 계단
ле́то 여름
лете́ть(лета́ть) 날아가다
литерату́ра 문학
ло́дка 보트
ло́шадь (女) 말
люби́ть 사랑하다
любо́вь (女) 사랑

М

магази́н 상점
ма́ленький(ая, ое, ие) 작은
ма́ма 엄마
маршру́тка 미니버스
маши́на 자동차
медсестра́ 간호원
ме́сто 장소
метро́ 지하철
мечта́ 염원, 숙원
ми́мо (생격) 옆을, 곁을 (지나치다)
мину́та 분
мир 세계
мо́жет быть 어쩌면
мо́жно ~할 수 있다
мой, моя́, моё, мои́ 나의
молодо́й 젊은
молоко́ 우유
мо́ре 바다
Москва́ 모스크바
мост 다리
мотоци́кл 오토바이
мочь 할 수 있다
музе́й 박물관
му́зыка 음악
музыка́нт 음악가
мы 우리

Н

на (대격) ~으로/(전치격) ~위에, -에서
над (조격) ~ 위에
на́до 필요하다
найти́ 찾다
написа́ть (다)쓰다
начина́ть(нача́ть) 시작하다
наш, на́ша, на́ше, на́ши 우리의
не́бо 하늘
неда́вно 얼마 전에
недалеко́ 멀지않게
неде́ля 주
нельзя́ 불가능하다, 안된다
нести́(носи́ть) (걸어서) 운반하다
нет 아니다
неуже́ли 설마
ни́жний(ая, ое, ые) 아래의
но 그러나
но́вость (女) 소식
но́вый(ая, ое, ые) 새로운
Но́вый Го́д 신년(새해)
норма́льно 보통이다, 괜찮다
ночь (女) 밤
но́чью 밤에
ну́жно 필요하다
ня́ня 유모

О

о(전치격) ~에 대하여, ~관하여
обе́д 점심식사
обе́дать 점심식사하다
обеща́ть 약속하다
обра́тно 거꾸로, 반대로, 뒤로
обы́чно 보통(일반적으로)
общежи́тие 기숙사
объясня́ть(объясни́ть) 설명하다
одновре́менно 동시에
одну́ мину́ту 잠시만
о́зеро 호수
окно́ 창문
он 그
она́ 그녀
они́ 그들
оно́ 그것
о́сень (女) 가을
остано́вка 정류장
отвеча́ть(отве́тить) 대답하다
о́тдых 휴식
отдыха́ть 쉬다. 휴식하다
оте́ц 아버지
отку́да 어디에서 부터
открыва́ть(откры́ть) 열다
о́чень 매우, 몹시
очки́ 안경

П

парк 공원
парохо́д 선박
па́спорт 여권
пев́ец 남자 가수
певи́ца 여자 가수
переводи́ть 번역하다
перево́дчик 통, 번역가
переда́ть 전해주다
перезвони́ть 다시 전화 걸다.

печь 굽다
пешко́м 걸어서
пи́во 맥주
писа́тель (男) 작가
писа́ть 쓰다
письмо́ 편지
пить(вы́пить) 마시다
плохо́й(ая, ое, ие) 나쁜
пло́щадь (女) 광장
пла́тье 옷
пло́хо 나쁘다
плыть(пла́вать) 수영하다
повторя́ть(повтори́ть) 반복하다
пого́да 날씨
погро́мче 좀 더 크게
под (대격) ~밑으로/ (조격) ~밑에서
подари́ть 선물하다
подожда́ть 기다리다
пода́рок 선물
подру́га 여자친구
по́езд 기차
пожа́ловать 주다, 수여하다
пожа́луйста 제발
позвони́ть 전화하다
поздравля́ть 축하하다
познако́миться 인사 나누다
пока́ 아직(때)
покупа́ть(купи́ть) 사다
по́ле 들판
поле́зно 유익하다
полчаса́ 30분
поме́дленнее 조금 더 천천히
по́мнить 기억하다
помога́ть 돕다
по-мо́ему 내 생각에는
по́мощь (女) 도움
понеде́льник 월요일
понима́ть 이해하다
попо́зже 좀 더 늦게
по-ру́сски 러시아어로
по́чта 우체국
пра́вда 참, 진리, 진실
пра́здник 축일
пра́вильно 올바르게
предме́т 물체, 주제, 과목
президе́нт 대통령
преподава́тель 남자 강사
преподава́тельница 여자 강사
приве́т 안녕
принести́ 가져오다
приходи́ть 도착하다
прия́тно 기쁘다
прия́тный(ая, ое, ые) 즐거운
пробле́ма 문제
прости́(те) 죄송해요
просту́да 감기
проси́ть(попроси́ть) 요청하다
профе́ссор 교수
прочита́ть (다)읽다
проще́ние 용서
пти́ца 새
пя́тница 금요일

Р

рабо́та 일, 직장

рабóтать 일하다
рад(а, ы) 기쁘다
разговóр 대화
рáзный(ая, ое, ые) 다른, 다양한
разрешáть(разреши́ть) 허락하다
рáньше 예전에
ребёнок 아이
рези́нка 지우개
рекá 강
ресторáн 식당
решáть(реши́ть) 해결하다
роди́ться 태어나다
рождéние 탄생
рождествó 크리스마스
ромáн 소설
Росси́я 러시아
рубль (男) 루블
рубáшка 셔츠
рýсский(ая, ое, ие) 러시아의
рýчка 펜
ры́ба 물고기
ры́нок 시장

С

с собóй (자신이) 가지고
с(조격) ~와 함께, ~ 가지고
сад 정원
сади́ться 앉다
сáмый(ая, ое, ые) 가장
самолёт 비행기
санатóрий 요양원
свéжий(ая, ее, ие) 신선한
свет 빛(등)
сéвер 북쪽
сегóдня 오늘
сейчáс 지금
секýнда 초
семья́ 가족
сéрый(ая, ое, ые) 회색의
сестрá언니, 누나, 여동생
Сеýл 서울
си́льно 강한
си́ний 파란
сказáть 말하다
скóлько 얼마나
скóро 곧, 바로, 빨리
слóман(а, о, ы) 고장나다
словáрь (男) 사전
слушáть 듣다
сли́шком 지나치게
смотрéть 보다
снег 눈
соверши́ть 완성하다. 완수하다
совмести́ть 결합하다. 겸하다
сообщéние 메시지, 알림
спаси́бо 고마워요
спасти́ 구하다
спектáкль (男) 연극
спокóйный(ая, ое, ые) 편안한
спóрить 다투다, 논쟁하다
спортсмéн (남자) 운동선수
спортсмéнка (여자) 운동선수
спроси́ть 질문하다
средá 수요일
стадиóн 경기장
стáнция 역

ста́рый(ая, ое, ые) 오래된, 늙은
стать 되다
стихи́ 시
сто́ить 가치가 있다
стол 책상
сторона́ 측(면)
страна́ 나라, 국가
стро́гий(ая, ое, ие) 엄한
стро́ить 건축하다
студе́нт 남자대학생
студе́нтка 여자대학생
стул 의자
суббо́та 토요일
сча́стье 행복
США(Аме́рика) 미국
сын 아들
сюда́ 이쪽으로

Т

такси́ 택시
там 저기, 거기
та́нец 춤, 댄스
твой, твоя́, твоё, твои́ 너의
теа́тр 극장
текст 본문(텍스트)
тетра́дь (女) 공책
това́рищ 동무
то́же 역시
то́лько 오직
трава́ 풀
трамва́й 트램
тра́тить 소비하다
тру́дно 어려다
тролле́йбус 트롤리버스
тури́ст 관광객
тут 여기에
ты 너

У

у(생격) ~의 곁에, ~에게,
уви́деться 보다
уве́реный(ая, ое, ые) 믿을만한
уе́хать 떠나다
у́зкий(ая, ое, ие) 좁은
у́лица 거리
университе́т 대학
упражне́ние 연습문제
у́ра 만세
Ура́л 우랄
успе́ть 성공하다
успе́х 성공
у́тро 아침
у́тром 아침에
у́хо 귀
уче́бник 교재
учени́к 남학생
учени́ца 여학생
учи́тель 남자교사
учи́тельница 여자교사
учи́ть 가르치다

Ф

факульте́т 학부
фами́лия 성(姓氏), 가문
фестива́ль (男) 축제
фильм 영화, 필름

фи́рма 회사
фо́то 사진
Фра́нция 프랑스

Х

хлеб 빵
хо́лод 추위
хо́лодно 춥다
хоро́ший(ая, ее, ие) 좋은
хоте́ть 원하다

Ц

це́нтр 중심지
цветы́ 꽃
цена́ 가격

Ч

чай 차
ча́сто 자주
часы́ 시계
челове́к 사람
че́рез (대격) ~거쳐서, 지나서
чёрный(ая, ое, ые) 검은
четве́рг 목요일
Че́чжу 제주도
чита́ть 읽다

Ш

шарф 목도리, 숄
шкаф 장롱
шко́ла 초, 중, 고등학교
шко́льник (초, 중, 고) 남학생
шко́льница (초, 중, 고) 여학생
шля́па 모자

Щ

шесть 여섯, 6
щи 양배추 스프

Э

эта́ж 층
это 이것은 ~이다
э́тот, э́та, э́то, э́ти 이, 이것, 이 사람

Ю

ю́бка 치마
юг 남쪽
ю́ноша 청년
юри́ст 법률가

Я

я 나
я́блоко 사과
я́сно 밝게, 선명하게
Япо́ния 일본

부록 3. 격변화표

1. 명사의 격변화

1) 남성

	자음		-й	-ь
단수	студéнт студéнта студéнту студéнта студéнтом о студéнте	стол столá столý стол столóм о столé	музей музéя музéю музéй музéем о музéе	словарь словаря́ словарю́ словарь словарём о словарé
복수	студéнты студéнтов студéнтам студéнтов студéнтами о студéнтах	столы́ столóв столáм столы́ столáми о столáх	музéи музéев музéям музéи музéями о музéях	словари́ словарéй словаря́м словари́ словаря́ми о словаря́х

2) 여성

	-а	-я	-ия	-ь
단수	кни́га кни́ги кни́ге кни́гу кни́гой о кни́ге	недéля недéли недéле недéлю недéлей о недéле	истóрия истóрии истóрии истóрию истóрией о истóрии	жизнь жи́зни жи́зни жи́знь жи́знью о жи́зни
복수	кни́ги книг кни́гам кни́ги кни́гами о кни́гах	недéли недéль недéлям недéли недéлями о недéлях	истóрии истóрий истóриям истóрии истóриями о истóриях	жи́зни жи́зней жи́зням жи́зни жи́знями о жи́знях

3) 중성

	-о	-е	-ие
단수	сло́во сло́ва сло́ву сло́во сло́вом о сло́ве	по́ле по́ля по́лю по́ле по́лем о по́ле	общежи́тие общежи́тия общежи́тию общежи́тие общежи́тием об общежи́тии
복수	слова́ слов слова́м слова́ слова́ми о слова́х	поля́ полей поля́м поля́ поля́ми о поля́х	общежи́тия общежи́тий общежи́тиям общежи́тия общежи́тиями об общежи́тиях

2. 가족 격변화

단 수						
	아버지	어머니	딸	형	언니	아들
주격	оте́ц	мать	дочь	брат	сестра́	сын
생격	отца́	ма́тери	до́чери	бра́та	сестры́	сы́на
여격	отцу́	ма́тери	до́чери	бра́ту	сестре́	сы́ну
대격	отца́	ма́ть	дочь	бра́та	сестру́	сы́на
조격	отцо́м	ма́терью	до́черью	бра́том	сестро́й(о́ю)	сы́ном
전치격	отце́	ма́тери	до́чери	бра́те	сестре́	сы́не

복 수						
	아버지	어머니	딸	형	언니	아들
주격	отцы́	ма́тери	до́чери	бра́тья	сёстры	сыновья́
생격	отцо́в	матере́й	дочере́й	бра́тьев	сестёр	сынове́й
여격	отца́м	матеря́м	дочеря́м	бра́тьям	сёстрам	сыновья́м
대격	отцо́в	матере́й	дочере́й	бра́тьев	сестёр	сынове́й
조격	отца́ми	матеря́ми	дочеря́ми (дочерьми́)	бра́тьями	сёстрами	сыновья́ми
전치격	отца́х	матеря́х	дочеря́х	бра́тьях	сёстрах	сыновья́х

3. 특수한 격변화

단 수		
	시 간	이 름
주격	врéмя	и́мя
생격	врéмени	и́мени
여격	врéмени	и́мени
대격	врéмя	и́мя
조격	врéменем	и́менем
전치격	врéмени	и́мени
복 수		
	시 간	이 름
주격	временá	именá
생격	времён	имён
여격	временáм	именáм
대격	временá	именá
조격	временáми	именáми
전치격	временáх	именáх

4. 형용사 격변화

1) 남성

단수	нóвый	рýсский	хорóший	дорогóй	си́ний	большóй
	нóвого	рýсского	хорóшего	дорогóго	си́него	большóго
	нóвому	рýсскому	хорóшему	дорогóму	си́нему	большóму
	нóвый/ого	рýсский/ого	хорóший/его	дорогóй/óго	си́ний/его	большóй/óго
	нóвым	рýсским	хорóшим	дороги́м	си́ним	больши́м
	о нóвом	о рýсском	о хорóшем	о дорогóм	о си́нем	о большóм
복수	нóвые	рýсские	хорóшие	дороги́е	си́ние	больши́е
	нóвых	рýсских	хорóших	дороги́х	си́них	больши́х
	нóвым	рýсским	хорóшим	дороги́м	си́ним	больши́м
	нóвые/ых	рýсские/их	хорóшие/их	дороги́е/и́х	си́ние/их	больши́е/и́х
	нóвыми	рýсскими	хорóшими	дороги́ми	си́ними	больши́ми
	о нóвых	о рýсских	о хорóших	о дороги́х	о си́них	о больши́х

2) 여성

단수	но́вая	ру́сская	хоро́шая	дорогая	си́няя	большая
	но́вой	ру́сской	хоро́шей	дорого́й	си́ней	большо́й
	но́вой	ру́сской	хоро́шей	дорого́й	си́ней	большо́й
	но́вую	ру́сскую	хоро́шую	дорогу́ю	си́нюю	большу́ю
	но́вой(ою)	ру́сской(ою)	хоро́шей(ею)	дорого́й(о́ю)	си́ней(ею)	большо́й/о́ю
	о но́вой	о ру́сской	о хоро́шей	о дорого́й	о си́ней	о большо́й

3) 중성

단수	но́вое	ру́сское	хоро́шее	дорого́е	си́нее	большо́е
	но́вого	ру́сского	хоро́шего	дорого́го	си́него	большо́го
	но́вому	ру́сскому	хоро́шему	дорого́му	си́нему	большо́му
	но́вое	ру́сское	хоро́шее	дорого́е	си́нее	большо́е
	но́вым	ру́сским	хоро́шим	дороги́м	си́ним	больши́м
	о но́вом	о ру́сском	о хоро́шем	о дорого́м	о си́нем	о большо́м

5. 인칭대명사

Я	Ты	Он	Она́	Мы	Вы	Они́
меня́	тебя́	его́	её	нас	вас	их
мне	тебе́	ему́	ей	нам	вам	им
меня́	тебя́	его́	её	нас	вас	их
мной(о́ю)	тобо́й(о́ю)	им	ей(ею)	на́ми	ва́ми	и́ми
обо мне	о тебе́	о нём	о ней	о нас	о вас	о них

6. 의문대명사

Кто	Что
кто	что
кого́	чего́
кому́	чему́
кого́	что
кем	чем
о ком	о чём

단수			복수(남, 여, 중 동일)
남성	여성	중성	
чей чьегó чьемý чей/чьегó чьим о чьём	чья чьей чьей чью чьей(éю) о чьей	чьё чьегó чьемý чьё чьим о чьём	чьи чьих чьим чьи/чьих чьи́ми о чьих

7. 소유대명사

мой моегó моемý мой/моегó мои́м о моём	моя́ моéй моéй мою́ моéй(éю) о моéй	моё моегó моемý моё мои́м о моём	мои́ мои́х мои́м мои́/мои́х мои́ми о мои́х
наш нáшего нáшему нáш/нашего нáшим о нáшем	нáша нáшей нáшей нáшу нáшей(ею) о нáшей	нáше нáшего нáшему нáше нáшим о нáшем	нáши нáших нáшим нáши/наших нáшими о нáших
твой твоегó твоемý твой/твоегó твои́м о твоём	твоя́ твоéй твоéй твою́ твоéй о твоéй	твоё твоегó твоемý твоё твои́м о твоём	твои́ твои́х твои́м твои́/твои́х твои́ми о твои́х
ваш вáшего вáшему ваш/вáшего вáшим о вáшем	вáша вáшей вáшей вáшу вáшей(ею) о вáшей	вáше вáшего вáшему вáше вáшим о вáшем	вáши вáших вáшим вáши/вáших вáшими о вáших

* 소유대명사 3인칭 его(그의), её(그녀의) их(그들의)는 변화 없음.

8. 지시대명사

단수			복수
남성	여성	중성	(남, 여, 중 동일)
э́тот	э́та	э́то	э́ти
э́того	э́той	э́того	э́тих
э́тому	э́той	э́тому	э́тим
э́тот/э́того	э́ту	э́то	э́ти/э́тих
э́тим	э́той(ою)	э́тим	э́тими
об э́том	об э́той	об э́том	об э́тих
тот	та	то	те
того́	той	того́	тех
тому́	той	тому́	тем
тот/того́	ту	то	те/тех
тем	той(о́ю)	тем	те́ми
о том	о той	о том	о тех

9. 정대명사

단수			복수
남성	여성	중성	(남, 여, 중 동일)
сам(са́мый)	сама́(са́мая)	само(са́мое)	са́ми(са́мые)
самого́(са́мого)	само́й(самой)	самого́(са́мого)	сами́х(са́мых)
самому́(самому)	само́й(самой)	самому́(са́мому)	сами́м(са́мым)
самого́(са́мого)	саму́(са́мую)	само(са́мое)	сами́х(са́мых)
сам(самый)			са́ми(са́мые)
сами́м(самым)	само́й(самой,самою)	сами́м(са́мым)	сами́ми(са́мыми)
о само́м(са́мом)	о само́й(са́мой)	о само́м(са́мом)	о сами́х(са́мы)
весь	вся	всё	все
всего́	всей	всего́	всех
всему́	всей	всему́	всем
весь/всего́	всю	всё	все/всех
всем	всей(е́ю)	всем	все́ми
о всём	о всей	о всём	о всех

재귀대명사(주격형태 없음)				
생격(소유격)	여격	대격(목적격)	조격(도구격)	전치격
себя́	себе́	себя́	собо́й	о себе́

부록 4. 수사 활용

Сколько?	Который?
1 оди́н, одна́, одно́, одни́	пе́рвый(ая, ое, ые)
2 два́, две	второ́й(а́я, о́е, ы́е)
3 три	тре́тий(тре́тья, тре́тье, тре́тьи)
4 четы́ре	четвёртый(ая, ое, ые)
5 пять	пя́тый(ая, о́е, ы́е)
6 шесть	шесто́й(а́я, о́е, ы́е)
7 семь	седьмо́й(а́я, о́е, ы́е)
8 во́семь	восьмо́й(а́я, ое, ы́е)
9 де́вять	девя́тый(ая, ое, ые)
10 де́сять	деся́тый(ая, ое, ые)
11 оди́ннадцать	оди́надцатый(ая, ое, ые)
12 двена́дцать	двена́дцатый(ая, ое, ые)
13 трина́дцать	трина́дцатый(ая, ое, ые)
14 четы́рнадцать	четы́рнадцатый(ая, ое, ые)
15 пятна́дцать	пятна́дцатый(ая, ое, ые)
16 шестна́дцать	шестна́дцатый(ая, ое, ые)
17 семна́дцать	семна́дцатый(ая, ое, ые)
18 восемна́дцать	восемна́дцатый(ая, ое, ые)
19 девятна́дцать	девятна́дцатый(ая, ое, ые)
20 два́дцать	двадца́тый(ая, ое, ые)
21 два́дцать оди́н(а́, о́, и́)	два́дцать пе́рвый(ая, ое, ые)
22 два́дцать два́, две	два́дцать второ́й(а́я, о́е, ы́е)
23 два́дцать три	два́дцать тре́тий(-ья, -ье, -ьи)
30 тридцать	тридца́тый(ая, ое, ые)
40 со́рок	сороково́й(а́я, о́е, ы́е)
50 пятьдеся́т	пятидеся́тый(ая, ое, ые)
60 шестьдеся́т	шестидеся́тый(ая, ое, ые)
70 се́мьдесят	семидеся́тый(ая, ое, ые)
80 во́семьдесят	восьмидеся́тый(ая, ое, ые)
90 девяно́сто	девяно́стый(ая, ое, ые)
100 сто	со́тый(ая, ое, ые)

200 двéсти	двухсóтый(ая, ое, ые)
300 трúста	трёхсóтый(ая, ое, ые)
400 четы́реста	четырёхсóтый(ая, ое, ые)
500 пятьсóт	пятисóтый(ая, ое, ые)
600 шестьсóт	шестисóтый(ая, ое, ые)
700 семьсóт	семисóтый(ая, ое, ые)
800 восемьсóт	восьмисóтый(ая, ое, ые)
900 девятьсóт	девятисóтый(ая, ое, ые)
1000 ты́сяча	ты́сячный(ая, ое, ые)
2000 две ты́сячи	двухты́сячный(ая, ое, ые)
5000 пять ты́сяч	пятиты́сячный(ая, ое, ые)
10.000 дéсять ты́сяч	десятиты́сячный(ая, ое, ые)
100.000 сто ты́сяч	сто ты́сячный(ая, ое, ые)
200.000 двéсти ты́сяч	двéсти ты́сячный(ая, ое, ые)
1.000.000 миллиóн	миллиóнный(ая, ое, ые)
2,000,000 два миллиóна	двухмиллиóнный(ая, ое, ые)
1.000.000,000 миллиáрд	миллиáрдный(ая, ое, ые)

개수사의 격변화

1			
남성	여성	중성	복수
одúн	однá	однó	однú
одногó	однóй	одногó	однúх
одномý	однóй	одномý	однúм
один/одногó	однý	однó	однú/однúих
однúм	однóй	однúм	однúми
об однóм	об однóй	об однóм	об однúх

2	3	4	8	5(6,7,9,10)
два/две	три	четы́ре	вóсемь	пять
двух	трёх	четырёх	восьмú	пятú
двум	трём	четырём	восьмú	пятú
два(двух)/две	три/трёх	четы́ре/четырёх	вóсемь	пять
двумя́	тремя́	четырьмя́	восемью	пятью
двух	трёх	четырёх	восьмú	пятú

11–20,30	40	100	200	500
оди́ннадцать	со́рок	сто	две́сти	пятьсо́т
оди́ннадцати	сорока́	ста	двухсо́т	пятисо́т
оди́ннадцати	сорока́	ста	двухста́м	пятиста́м
оди́ннадцать	со́рок	сто	две́сти	пятьсо́т
оди́ннадцатью	сорока́	ста	двумяста́ми	пятьюста́ми
оди́ннадцати	сорока́	ста	двухста́х	пятиста́х

집합수사

남(여, 중)	남(여, 중)	남(중)	여
дво́е	че́тверо	о́ба	о́бе
двои́х	четверы́х	обо́их	обе́их
двои́м	четверы́м	обо́им	обе́им
дво́е/двои́х	че́тверо/четверы́х	о́ба/обо́их	о́бе/обе́их
двои́ми	четверы́ми	обо́ими	обе́ими
о двои́х	о четверы́х	об обо́их	об обе́их

분수

1/2 одна́ втора́я

2/3 две тре́тьих

3/4 три четвёртых

1/10 одна́ деся́тая

1/100 одна́ со́тая

짝수 чётные чи́сла, 홀수 нечётные чи́сла

부록 5. 운동동사와 특수동사 변화

конкретная ситуация 정태		общая ситуация, норма 부정태	
идти́	éхать	ходи́ть	éздить
иду́ идёшь идёт идём идёте иду́т шёл,шла,шли иди́(те)!	éду éдешь éдет éдем éдете éдут éхал(-а,-ли) поезжáй(те)!	хожу́ хóдишь хóдит хóдим хóдите хóдят ходи́л(-а,-ли) ходи́(те)!	éзжу éздишь éздит éздим éздите éздят éздил(-а,-ли) éзди(те)!

정태			부정태		
летéть	плыть	бежáть	летáть	плáвать	бéгать
лечу́ лети́шь лети́т лети́м лети́те летя́т летéл(а, ли) лети́(те)!	плыву́ плывёшь плывёт плывём плывёте плыву́т плыл(á, плы́ли) плыви́(те)!	бегу́ бежи́шь бежи́т бежи́м бежи́те бегу́т бежáл(а, ли) беги́(те)	летáю летáешь летáет летáем летáете летáют летáл(а, ли) летáй(те)!	плáваю плáваешь плáвает плáваем плáваете плáвают плáвал(а, ли) плáвай(те)!	бéгаю бéгаешь бéгает бéгаем бéгаете бéгают бéгал(а, ли) бéгай(те)!
вести́	везти́	нести́	води́ть	вози́ть	носи́ть
веду́ ведёшь ведёт ведём ведёте веду́т вёл, велá(ли́) веди́(те)!	везу́ везёшь везёт везём везёте везу́т вёз, везлá(ли́) вези́(те)!	несу́ несёшь несёт несём несёте несу́т нёс, неслá(ли́) неси́(те)!	вожу́ вóдишь вóдит вóдим вóдите вóдят води́л(а, ли) води́(те)!	вожу́ вóзишь вóзит вóзим вóзите вóзят вози́л(а, ли) вóзи(те)!	ношу́ нóсишь нóсит нóсим нóсите нóсят носи́л(а, ли) носи́(те)!

〈자주 사용하는 특수동사변화〉

дать	взять	брать	дава́ть	поня́ть	понима́ть
дам	возьму́	беру́	даю́	пойму́	понима́ю
дашь	возьмёшь	берёшь	даёшь	поймёшь	понима́ешь
даст	возьмёт	берёт	даёт	поймёт	понима́ет
дади́м	возьмём	берём	даём	поймём	понима́ем
дади́те	возьмёте	берёте	даёте	поймёте	понима́ете
даду́т	возьму́т	беру́т	даю́т	пойму́т	понима́ют
дал(а́, да́ли)	взял(а́, взя́ли)	брал(а́, бра́ли)	дава́л(а, и)	по́нял(а́, по́няли)	понима́л(а, ли)
да́й(те)	возьми́(те)	бери́(те)	дава́й(те)	пойми́(те)	понима́й(те)

смочь	**мочь**
смогу́	могу́
смо́жешь	мо́жешь
смо́жет	мо́жет
смо́жем	мо́жем
смо́жете	мо́жете
смо́гут	мо́гут
смог(ла́, ли́)	мог(ла́, ли́)

참고문헌

강덕수 · 이성민. 2009. 러시아어 발음과 구조. 한국외대 출판부.

강흥주 · 강덕수. 1992. 러시아어사. 민음사.

강덕수 · 김연수. 2004. 파워러시아어, 범한서적.

А. С. Иванова 외. 2013. Программа-справочник по русскому языку как иностранному. Российский Университет Дружбы Народов.

Г. Г. Малышев. 2013. Русская грамматика в картинках для начинающих. Златоуст.

К. И. Пехливанова, М. Н. Лебедева. 1993. Грамматика русского языка в иллюстрациях. Русский язык.

М. Б. Будильцева 외. 2010. Культура русской речи. Русский язык.

Н. М. Лариохина. 1997. Практический курс русского языка для иностранных учащихся. Филологический факультет МГУ им. М. В. Ломоносова.

Т. В. Шустикова 외. 2004. Русский язык — мой друг. Базовый уровень. Российский Университет Дружбы Народов.